ブッダはなぜ
女嫌いになったのか

丘山万里子

GS
幻冬舎新書
154

プロローグ

ブッダには、息子がいた。名をラーフラという。意味は「束縛・障碍《しょうがい》」である。ひらたく言えば、邪魔者、ということだ。

結婚から十数年たってようやく恵まれた男の子に、なぜ彼はそんな名をつけたのだろう。普通、我が子に名をつけるにあたっては、どうか幸せになって欲しい、との願いをこめ、あれこれ悩むものだ。常日頃、占いなど信じない人でも、妙に深刻になって、姓名判断本などをめくったりする。

ブッダが生きたのはおよそ二千五百年前のことだが、時代がどう移り変わろうと、親が子を思う気持ちはそう変わるまい。私たち日本人に親しい慈悲のブッダが、我が子に邪魔者の名とは、どうも解せない。

彼は父王からの使いで、息子の誕生を知り、「ラーフラが生まれた。束縛が生じた」と言った。つまり、ブッダ自身、赤子を束縛、邪魔者と思う気持ちがあった、ということである。それがそのまま、その子の名となった。

また、ラーフラはインドの悪魔ラーフにちなむ、という説もある。いずれにしても、生まれた赤子を祝福する名でないことは確かだろう。

もう一つ、一般にはあまり知られていないが、ラーフラには「ブッダの子ではないのではないか」という嫌疑がかかった、との伝承がある。

邪魔者という名の息子は、その出生に複雑な事情を背負っていたのではないか。そんな疑問が浮かんでくる。

さらにブッダは、生まれたばかりの子と産んだ母、つまり妃をうち置いて、その夜、突如、城を出たという。赤子と、産褥《さんじょく》に疲れて眠る妻とをながめた後、一人の従者とともに馬に乗り、そっと森へと抜け出した。二十九歳のことである。

息子を邪魔者と名づけ、その誕生の夜、妻子のもとから去る男。これが、ヒマラヤ山脈の麓の小国の王子シッダッタが、ブッダとなってゆくにあたっての旅立ちの姿である。

さて、王子は森へ行き、六年の修行ののち、悟りを得て、ブッダとなった。やがて教えを説きはじめるが、その中に、有名な「犀《さい》の角」という教えがある。人とかかわらず、交わらず、犀の角のようにただ独り歩め、という内容のものだ。交われば、愛情が生まれ、愛すれば禍《わざわ》いや苦しみが生まれるから、そんなものにかかわり合うな。誰とも特別な関係を結ぶことなく、独り、超然と生きてゆけ、というのである。

まったくもって、人と深くかかわらなければ、人生は気楽なものではなかろうか。誰かを好きにならなければ、相手の気持ちが離れたといって苦しみ傷つくこともないし、他に誰か好きなひとでもいるのではないか、と猜疑や嫉妬にかられることもない。

愛されすぎても重荷だし、勝手に想いを寄せられてストーカーに命を奪われることもある。全て、誰かと深くかかわる、もしくはかかわられるから起きることで、広く浅く、が最も無難なのである。その意味で、昨今の若者たちの、他人と濃密な関係を結びたがらない傾向は、一見、ブッダの教えを具現している、とも言えようか。

とにかくブッダは、「かかわるな」ばかりか、「愛するものをつくってはならぬ。愛は苦しみのもとだから」とさえ言った。だがこれは、裏返せば、自分は愛に苦しんだから、その苦しみがどんなものかよくわかる、という告白ではないか。
「愛念のあやまちを断ち切れ」の裏には、愛念のあやまちをかつて自分は犯した、があるのではないか。

彼は、愛に苦しんだ。そのことと、ラーフラ誕生のいきさつ、妻と赤子を置いての唐突な出奔は、無関係ではないだろう。それが、城からの脱出の背を押した。

一般に、ブッダは解脱（苦からの救われ）を求める気持ちがやみがたく、息子が生まれた時点で王家継承の責任は果たし、世俗を離れて出家した、と言われる。いわば、解脱追求に専念すべく、世俗のしがらみを断ち切ったということだ。

だが、そもそも王子が解放されたかった苦しみのもとにあったのが、人生に関する深遠かつ抽象的な問題というより、現実の具体的な愛そのものであるなら、それは古今東西、時代を超えて、人間が抱える普遍的な苦しみだったと言えよう。王子時代のブッダは、今日の私たちと変わらぬ愛の悩みを抱えていたのである。

むろん、愛は男女に限らず、親子兄弟姉妹、友人、師弟など種々あるが、人のかかわり合いの中でも、自分とは絶対に異なる存在、すなわち異性とのかかわりこそが、人間の愛というものの原型だろう。

ここに登場するのは、彼の苦しみのもと、愛という交わりを持った三人の女性である。すなわち、生母マーヤー、マーヤーの妹で継母となったマハーパジャーパティー、妃ヤショーダラー。

ひとかたならぬ愛の苦悩の末に、男はその愛を根こそぎ断ち切った。それは容易なことではなかったが、彼は断ち切ることができた。悩める王子シッダッタは、こうして覚者ブッダとなったのである。

ブッダの教えには、「愛するものをつくるな」とはほとんど対照的に思われる「一切の生きとし生けるものに慈しみを」というものもある。私たちのよく知る慈悲である。

簡単に言うなら、「誰をも特別に愛さない」ことから「あまねく誰をも愛する」ことまで、を、彼は自在に説いたのだ。

愛をめぐってのこの卓見を生んだのは、ほかならぬ、彼が味わったであろう「愛の苦しみ・愛のあやまち」である。それはどんなものだったのか。

種々の経典をひもときつつ、さまざまな研究資料を参考に、覚者となるまでの彼の青春の愛と苦悩を、筆者なりに描いてみたい。

なお、ここで参考とする原始仏教経典に関する大きな枠組みと、本書を書くにあたっての基本姿勢は別項にまとめるので、興味のある方はそちらをご覧いただければと思う。

経典の話

仏教経典は、侍者アーナンダの口伝がおおもと

ゴータマ・ブッダは、およそ紀元前五〇〇年、西欧で言えば、旧約聖書世界の時代の人だから、実際にどんなことを語ったか、という史料は残っていない。当時の伝承がすべて口伝だったように、仏教経典も「ブッダの言葉」の口伝がおおもとである。

経典の原型は、ブッダ入滅後すぐに開かれた第一回編纂《へんさん》会議（第一結集《けつじゅう》と呼ばれる）で作られた。マハーカッサパというブッダの側近長老を中心に、五百人（「多い」という意味で、実際数ではなかろう）の出家修行者が集結し、そこで、全員が了承したことを、経典として編集していった。いわば合議によって一つ一つ定めていったのである。

経典は、ブッダが定めた生活規則である「律」、その言行録である「経」、弟子たちが

まとめた理論書である「論」という「律・経・論」で構成される。後世、この三つに通じた人を「三蔵法師」と呼び、よく知られる玄奘《げんじょう》もその一人だ。

この三蔵の「経」（言行録）の経典の冒頭には、必ず「如是我聞《にょぜがもん》」（このとおりに私は聞きました）という言葉がある。ここで「我」というのは、ブッダの後半生を二十五年にわたってともにした侍者アーナンダのこと、というのが「経」の建前である。

アーナンダは、誰よりも多く、師の言葉を聴き、その行ないをつぶさに見ているはずだ。彼が「多聞第一」と呼ばれるのもそれゆえで、彼の話をもとに、全員が了承したことを経典に定型化した。つまり、「ブッダの言葉」は、実は「アーナンダが聴いた師の言葉」で、それを他の出家修行者たちが了承したもの、なのだ。

聖書は、ルカやマタイなど、それぞれの弟子たちが、それぞれに伝え、内容もかなり違うところが多々あるのだが、仏教の「経」では、まずはアーナンダの記憶、見聞が全てなのである。

したがって、アーナンダが侍者になる以前、ブッダが何をし、何を語ったか、その詳細は定かではない。伝えられる「ブッダの言葉」は、ブッダの後半生（およそ五十五歳以降）での回想であり、言動であることは、念頭に置いておきたい。

なお、この口伝による継承が、文字の記述となるのは紀元一世紀前後のことらしい。

それまでは、ずっと口述で語り伝えられていた。

ブッダ本人の言葉に最も近い原始仏教経典〜「南伝」と「北伝」

では、本書は、こうして出来ていった仏教経典の、どのあたりを参考としてゆくのか。要点は二つ、としておく。

一つは、本書が参照するのは、原始仏教経典である、ということ。仏教の経典は、大きく分けて仏教初期の原始仏教経典と、仏滅（ブッダの入寂・死）後四百年ほどのちに成立する大乗仏教経典の二つがある。数もそれぞれ膨大で、数え方にもよるが、原始仏教の経典類は、ざっと二百七十。大乗となると、漢訳されたものでもおよそ六百という。

原始仏教経典の内容は、まだ仏滅からさほど時もたたず、ブッダの教えを、それなりに色濃くとどめているであろう、と考えられている。自己の「解脱」（自分の救われ）を求める方法を説く原始仏教から、一般民衆への慈悲や慈愛（全ての人々の救われ）を説く新たな大乗思想が出てくるのは、紀元一世紀頃のこととされる。文字文献としての原始仏教経典が出来はじめるのもまた、この前後だから、原始仏教と大乗仏教の文字経典化の時差は、実はそれほど大きくはないが、内容は前述のように大きく違う。

本書は、ゴータマ・ブッダの実像に限りなく迫りたいので、本人の言葉により近いであろう、原始仏教経典を参照する。

なかでも、『スッタ・ニパータ』(「ブッダのことば」)『ダンマ・パダ』(「真理のことば」)は、ゴータマ・ブッダそのひとが語った言葉、説法に最も近いものとされるので、この二者をまずは、手がかりの中心とする。口伝の形だから、暗唱しやすいように韻文(偈《げ》)や短い句になっており、わかりやすい。『ダンマ・パダ』とほぼ同内容の『ウダーナ・ヴァルガ』(「感興のことば」)も読みやすい。

要点の二つ目は、仏教伝播には南方と北方の二つのルートがあり、経典の内容も、重なるものもあれば全く異なるものもあるので、その両者を適宜参照する、ということ。

本書では便宜上、南方ルートのものを「南伝」、北方ルートのものを「北伝」と表記する。

南に伝わった経典類は、パーリ語で書かれ、インドからスリランカを経て東南アジアの国々に伝わり、日本では昭和十年代に『南伝大蔵経《なんでんだいぞうきょう》』として現代語に翻訳された。南伝は原始仏教経典のみで、のちに興起する大乗経典はない。先述の『スッタ・ニパータ』『ダンマ・パダ』は、この経典類に含まれる。

一方の北伝経典類は、サンスクリット語で書かれたものが多く、インド北西部から中央アジアを経て、中国などに伝わり、漢訳されて古代日本に届く。北伝には原始仏教経典と大乗仏教経典の両方があり、原始仏教経典の漢訳は「阿含《あごん》経典類」としてまとめられている。

本書が参考とする原始仏教経典は、南伝の『スッタ・ニパータ』などと、北伝の「阿含経典類」の両系統である。

日本人になじみの薄いブッダ像～『スッタ・ニパータ』を中心に

おおざっぱに言うと、日本の仏教は北伝系統、しかも、大乗仏教経典＝仏教経典のイメージが定着している。その大乗仏教経典でも、とりわけ『法華経』や『浄土三部経』などに大きな影響を受け、慈悲・慈愛路線が一気に広まったと言えようか。「南無妙法蓮華経」や「南無阿弥陀仏」のお題目やお念仏を思い浮かべればよいだろう。日本人が大好きな『般若心経』もここに入る。

ということで、原始仏教経典は、南伝にしろ北伝にしろ、日本の一般の人々にはなじみが薄いのではなかろうか。

だが、本書は、そのなじみ薄の原始仏教経典を参照するので、一般的な日本的ブッダ、お釈迦様とはだいぶ異なった像が立ち上がってくるかも知れない。

先述したように、南伝と北伝では、全く異なる伝承があったりする。時代が下るにしたがって、経典編纂者もいろいろな立場をとるし、それを翻訳する人々の姿勢もいろいろだし、また伝えていった部派によっても違うから、伝承もいろいろ、ということだ。したがって、両方を見比べながら、こういうことなのではないか、と思われるところを探り出すことになる。

ゆえに、ここでは原始仏教経典の新旧、南北の間を適宜、往還しつつ、中心に、まずは『スッタ・ニパータ』を置くこととするが、その『スッタ・ニパータ』について、大枠をご紹介しておこう。

『スッタ・ニパータ』は、全五章、七十二経、千百四十九偈からなる経典で、そのうち第四、第五章はとくに古く、とりわけ第四章にはブッダの「金口直説《こんくじきせつ》」（ブッダの言葉をそのまま記したもの）の言葉があるともされている。ここで確認しておきたいのは、これらの言葉の成り立ち、つまり、当時、ブッダが誰を相手に語ったか、ということと、説法がどういう形で行なわれたか、である。

基本的に、ブッダの教えを聴く人は、出家者と在家者（世俗・在俗信者）の二種があり、またその形も、個々の問いかけに応える形と、集会での説法の二種がある。

ブッダは最初の説法をサールナートという地で行なったが、悟りを開いたブッダガヤーからサールナートまで、遠い道のりをわざわざ出向いたのは、この地がいわば各地から集う学者や修行者たちの弁論の場として知られていたからである。つまり、説法の相手は、まずは高度な学識を備えた人々だったのだ。

以降、ブッダは涅槃（死）に至るまで各地を遊行して回ったが、彼の教えを聴く人々は、当初のバラモン、修行者、学者たちから、次第に一般民衆にまで広がってゆく。ブッダはしたがって、説く相手と状況に応じて、臨機応変の対応をしたのである。死を迎える最後の旅の途上、遊女アンバパーリーの接待を受け、教えを説いているのも、こうしたブッダの姿を伝えるものだ。

『スッタ・ニパータ』においては、たとえば第一章に見られる牛飼いダニヤや鍛冶工チュンダの問いかけへの平易な答えと、第三章の「二種の観察」における哲学的な考察とに大きな異なりが見られる。これは、相手と状況の相違によるもので、後者は修行僧たちの集会での説法である。

そうではあっても、ブッダの語る本質部分は変わるまい。平易な言葉であれ、形而上学的用語であれ、バラモン相手であれ、一般民衆相手であれ、その内実は、ブッダ自身の実感や経験を基とする。どんな言葉も、生身のブッダの声である。そういう観点から『スッタ・ニパータ』を見てゆきたい。

もう一つ、種々の経典を参照するにあたって、留意しておきたいことがある。言うまでもないが、経典は男たちによって形作られたものである。ブッダにかかわる女性たちへの言及は、聖者ブッダという神柱の周囲にちりばめられた装飾のようなもので、あくまでブッダ側、もしくは男の視点から描かれる。したがって経典の伝える女性たちに、女性自身の声を聴き取ることは難しいのだが、少なくともそのことを常に意識しておきたい。

本書は、ブッダの王子時代の愛と苦悩を、原始仏教経典の南伝、北伝に記される種々の言葉や伝承に見出しつつ、関連するさまざまな研究資料を参照し、筆者なりのストーリーに編み上げたものである。したがって、経典に書かれた内容をベースに、あくまで筆者自身の解釈と想像であることをお断りしておく。

ブッダはなぜ女嫌いになったのか／目次

第一章　マーヤー……

「まぼろし」という名の母

「まぼろし」という名の母

ブッダの母の名は、マーヤーという。マーヤーとは「まぼろし」の意味である。女性の名に関しては、後付けの可能性が大きい。マーヤーの妹であり、ブッダの義理の母となったマハーパジャーパティーも、その意味が「大愛道」であれば、彼女の人生の成り行きに、そのまま重ねたと思われる。

ブッダの妻の名はいくつかある中で、ヤショーダラーというのが知られる。生母や継母と異なり、経典では「ラーフラの母」とのみ呼ばれることが多いのは注目してよかろう。

いずれにせよ、当時は家父長制社会であったから、経典に女性を記述するにあたっては、誰それの母、というのが一般的だった。マーヤーは仏の母、マハーパジャーパティーは仏の養母、ヤショーダラーはラーフラの母なのである。

したがって、彼女たちについている名は、もともとの名というより、それぞれのイメージの象徴と言ってもよいのではないか。つまり、経典作者たちの、彼女たちに寄せるイメージを反映しているのである。

まぼろしという名のマーヤーもまた、後付けだろう。なぜそうなったか。王子を産んですぐ、亡くなったからである。だから、王子は母を知らない。まぼろし、というほかないのだ。子供にとって最初の異性は基本的に父母だが、王子は最初の女性である母を奪われた状況で人生を出発した。

まぼろしは、追っても追っても消えてゆく。振り払っても振り払っても、現れる。そういう、どうにもならないものだ。

ブッダにとっての最初の愛の苦しみは、だから、まぼろしの母によって刻まれた。

ブッダの父母の家系～シャカ族とコーリヤ族

母マーヤーについての経典での記述は、おおかたが、受胎から誕生までのことだ。どういう女性であったかについては、よくわからない。

その名はマーヤーといい、志は大地のように落ち着いていて、心の清浄さは蓮の花のようで、未来のブッダを身ごもるにふさわしい女性であった、と、その程度である。

もっとも、ブッダの母である以上、その家系は示しておかねばならないから、それなりの伝承はある。

その伝承に触れる前に、まず父王となるスッドーダナについて見ておこう。こちらは王ゆえ、その素性も明らかとされる。彼はヒマラヤ山の麓、コーサラという国の属国である小国に住むシャカ族の王だった。シャカ族は自分たちを「太陽の末裔」と呼び、その系譜に誇りを持っていた。ブッダのことを「お釈迦様」とも呼ぶゆえんである。

ちなみにブッダは自分の祖先について、「雪山の側に住む正直な民族で、昔からコーサラ国の住民であり、姓は太陽の裔《すえ》で、種族はシャカ族。富と勇気を備えている」と語っている。

このシャカ族についての伝説は、なかなか興味深い。ブッダの生まれにかかわることだから、そのうちの一つを、ざっとご紹介しよう。

昔、オッカーカという王がいた。その王には、第二王妃以下の妃との間に四人の優れた息子がいたが、肝心の第一王妃の産んだ一人息子は、他の四人にくらべ、なにかと見劣りがする。先行きが不安な第一王妃は、自分の息子に王位を継がせるべく、目障りなこの四人を国外に追放するよう、王に懇願し、追い出すことに成功する。

王子たちは、母親や姉妹、彼らを慕う大勢の従者や民衆をしたがえて、雪山（ヒマラヤ）へと向かい、その北に広がる地が眺めもよく清浄なこと、果物も豊富で動物たちもたくさんいることから、すっかり気に入って住処《すみか》と決め、都を築いた。

数年たち、息子たちのことが気がかりでしかたがない王が、群臣に様子をたずねたところ「土地は肥沃で、人々も沢山いて、豊かに栄えた都になっていますよ」とのこと。王は喜んで、「我が子たちはなんと能力のあることか！」と賛嘆した。

そこで、「能力のある者」という意味の「シャカ」がこの族の名となったという。これが、ブッダの祖先、シャカ族の由来である。

彼ら、能力のある者たちの築いたこの都が、のち、ブッダが王子時代を過ごすことになるカピラヴァストゥという地である。その所在については、現在のネパールとする説と、いや、インドだ、とする説があり、どちらとも決着していない。

さて、追放されたシャカ族の四人の王子たちは、その由緒正しい血筋を守るべく、一緒に国外へ逃れた母違いの姉妹たちと、それぞれ結婚した。兄弟姉妹間の婚姻は、当時も問題視されていたようで、東隣のコーリヤ族が、シャカ族のことを「犬やジャッカル（日本では狐）のように、自分の姉妹たちと夫婦になったものの子孫」と侮蔑した話が残っている。

シャカ族の兄弟姉妹婚は血統が第一義であっただろうが、この血統を大切にする考え方は、ブッダの時代にも流れ込んでいて、彼自身も近親婚と言われる。

雑種の混入を嫌う純血主義は、広くは、異なったカースト（階級）間での婚姻を避ける、といった形でも示されている。

ブッダの家柄は王族だから、当時のカーストの第二位。最上位はもちろんバラモンで、司祭・僧侶。以下、第二位の王族・貴族（クシャトリヤ）、第三位の平民（ヴァイシャ）、その下の賤民（シュードラ）、さらにカースト以下の不可触民（チャンダーラ）と分けられ、現在なお姓名で、その出身階級が知られるという。最下位層シュードラの女は、シュードラ以外の階級との結婚は厳禁とされた。

また、バラモンの娘とクシャトリヤの男の結婚も禁止で、逆にバラモンの男とクシャトリヤの娘の婚姻は許されている。ただし、これは正式な婚姻の話であって、婚外関係にもろもろあったのは、インドの誇る性愛の書『カーマ・スートラ』からも明らかである。

さて、この太陽の末裔なる誇り高きシャカ族の都カピラヴァストゥには、シーハハヌという王がおり、すぐれた治世で人々の尊敬を集めていた。彼には四人の息子がいて、その長男がブッダの父となるスッドーダナである。

スッドーダナは漢訳語では「浄飯（じょうぼん）王」（「オーダナ」は「飯」の意）で、以下三人の弟が、「白飯（はくぼん）」「斛飯（こくぼん）」「甘露飯（かんろぼん）」と続く。種々の「飯」が並ぶことから、彼らが稲作をしていたことがわかるわけで、その地の穏やかな田園風景が思い浮かぶ。インド側のカピラヴァストゥは、今もやはり静かな田園の中だ。

彼らは、長年の隣人で、デーヴァダハを都とするコーリヤ族と仲良くしていた。もちろん先述のように、両者の間を流れるローヒニー川の水をめぐって争い、悪口を言い合うこともあったようだが、ともかく、両者は、お互いの息子や娘との交換結婚を奨励し、友好関係を確かなものにしていた。

マーヤーもまた、このコーリヤ族からスッドーダナに嫁いできたと言われる。もっとも、女性の系譜に関しては実にあやふやで、シャカ族のシーハハヌ王の妹とコーリヤ族の王アンジャーナとの間に生まれた、という説などもあり、はっきりしない。

マーヤーには妹がいて、マハーパジャーパティーという。彼女は、マーヤー亡きあと、スッドーダナの妻、ブッダの新しい母（彼にとっては叔母にあたる）となり、やがて異母弟であるナンダを産んだ。のち、ブッダに許され、最初の尼僧となっている。

美しき姉妹の誕生と結婚

では、マーヤー姉妹に話を進めよう。一般に、マーヤーとマハーパジャーパティーの姉妹は、マーヤーを姉とする。マハーパジャーパティーはスッドーダナの後妻となるのだから、年下の妹とするのが自然だ。妹は、嫁いだ姉にしたがってカピラヴァストゥに行ったのだろう。

これにも異説があり、妹が先に嫁ぎ、あとから姉が呼ばれた、という筋立てで、妹のほうが、ブッダを産んだ、という伝承となっている。名は姉が「幻化」（マーヤー）で妹が「大幻化」（マハーマーヤー）。姉妹とも、とうてい人とは思えぬ比類ない美しさで、天がかたどられた（化作）ようだったので、この名になったとされる。

妹に「大」（マハー）がつくのは、その身から光明が輝きわたり、城内を照らす美しさが、姉をしのぐものだったからである。

さらに、姉妹誕生の折、占い師が、姉の産む子は「おおいなる徳をもって力輪位《りきりんい》となる」と言い、妹の産む子は「三十二相をそなえ、その偉大なる徳によって転輪王位《てんりんおうい》に至る」、つまり、ブッダを産むと告げている。

「力輪位」「転輪王位」とは、世界を統べる王の位のことで、世界の四天王位のうち、「転輪王位」は、「力輪位」より上位にある。

つまり、この伝承は、美しさも、産む子も、姉より妹が勝る、としているわけだ。なぜ、そのような設定となったかはわからない。

要は、姉妹の長幼、美しさ、そして産んだ子の優位性の問題なのだが、こうした伝承が物語るように、女性については委細不明なのである。

ただ、どちらがどうであれ、ブッダを産み、すぐに亡くなる女性と、その後添えとなり、ブッダを育てたとされる女性とが姉妹関係であったことは確かだ。

そして、この二人が姉妹であったこと、すなわちまぼろしの母と、その面影を宿す女性の存在、というところにこそ、大きな意味があることを、ここでは確認しておきたい。

ともあれ、ここではマーヤーを姉、マハーパジャーパティーを妹としておく。姉妹は、生まれ故郷のデーヴァダハから、隣国のカピラヴァストゥの王子スッドーダナのもとにやって来た。そしてマーヤーはスッドーダナと結婚し、ブッダを身ごもることとなる。

マーヤーはブッダを産んですぐ亡くなったから、生母であっても詳細は残らなかった。一方の妹マハーパジャーパティーの名は、出家したのちの名としてもしっかり残されている。彼女がスッドーダナの後妃となり、ナンダという第二王子を産んだことも確かだ。

スッドーダナの妻として、何よりブッダの養母として、さらには最初の尼僧として、彼女は経典・仏伝に、種々の姿をとどめる。突出した存在の女性なのである。

マーヤーの「受胎告知」

ブッダはトゥシタ天（兜率天《とそつてん》）という天界から下って生まれるときに、マーヤーの胎内を選んだという。天から母を観察して、自分の母となるべき女性は「欲深い酒飲みではなく、十万劫にもわたってもろもろの〈完成〉を全うし、生まれてこのかた五戒（五つの戒律）を破ることがない。このマーヤーという王妃がそのようなかたであり、このかたがわたしの母となるであろう」と思い、「しかしこのかたの寿命はあと、どれくらいだろうか」と考えて、十ヶ月と七日であることを見定められた、と経典にはある。

つまり、ブッダは生まれて七日目には母を失う、と知っていた、というわけだ。それでも、彼はマーヤーを母に選んだのである。

かくしてマーヤーは受胎する。このとき、彼女は夢を見る。白い象が体の右脇から入ってくる、という有名なシーンである。

ちょうど、都は星祭りの最中。人々が賑やかに祝う中、王妃もまた、満月の七日前から飲酒をせず、花輪や線香で周囲を飾った。満月の朝は早々に起き、いろいろと施しをしたあと、飾りととのえられた寝所に入って、眠りにつく。そうして夢を見るのだ。

まず、四大王天が現れて、彼女を寝床と一緒に持ちあげ、ヒマラヤ山に運ぶ。そうして、やたらに高く大きいサーラ樹の下に置き、一隅に立った。そこへ四大王天の妃たちがやって来て、彼女をアノータッタの池へ連れて行く。人間の汚れを落とすため、彼女を池で沐浴させてから、天上の衣服を着せ、香を塗り、天上の花で飾った。

池のほど近くには、銀の山があり、黄金の宮殿があった。四大王天の妃たちは、宮殿の東を枕に、天上の寝床を設け、彼女を横たえさせた。

その銀の山のほど近くには、黄金の山があった。シッダッタ（ブッダの王子時代の名）は高貴な白象の姿で、この山を遊歩していたのだが、やおら、そこからおりて銀の山に登り、北方から黄金の宮殿に近づいた。そうして、銀の鎖の色をした鼻で白い蓮華をとり、象の雄叫びをあげて宮殿に入り、横たわる彼女の寝床の周囲を三度右まわりに回り、彼女の右脇を開いて胎内に入るのである。

「托胎霊夢」と呼ばれるこのシーンは、仏教美術でも好まれるテーマで、美しいレリーフが各地に残り、人々に愛されるエピソードとなった。

ところで、シッダッタは、悟る以前のブッダの呼称であるから、王子時代のブッダは、以降、シッダッタで統一することにしよう。

さて、マーヤーは目覚めて翌日、王に夢のことを話した。王はバラモンたちを呼び寄せて、夢占いをしてもらう。彼らはマーヤーの受胎を告げ、その子が「在家であれば転輪聖王《じょうおう》となり、出家するなら仏となる」と言うのだった。

この種の受胎告知と言えば、なんといっても、イエスとその母マリアだ。天使ガブリエルがマリアに受胎を告げるシーンは、『ルカ伝』に描かれる。『マタイ伝』では、夫ヨセフが夢でそれと知らされている。

いずれにしても、マリアの場合、夫とはまだ婚約期間中で、にもかかわらず身ごもったことから、処女懐胎とされる。神の子イエスは、聖霊によってこそマリアに宿るのであって、そこに人間の男が介在してはならない、というのがキリスト教世界だ。

いわば、男性不在のうえに成り立つのだが、にもかかわらず、キリスト教は父権宗教で、父なる神が人を裁く。「主よ」という呼びかけは、天におわす父に向けられたもので、十字架上のイエスもまた、「主よ、私を見捨てたのですか？」と問いかけて、息絶えるのである。

もっとも、イエスの出生についても、諸説あるようで、この処女懐胎も異説がある。実はマリアはヨセフとの結婚前に、何らかの事情で、他の男（ローマ兵士だとか）の子を宿した。それを、心正しいヨセフが受け入れ、ヨセフとの間にも子ができるのだが、成長したイエスが自分の出生の事実を知り、長男としての家督継承を放棄すべく、家を出た、という話。そう、彼もまた家を脱出するのである。

が、ここはやはり、処女懐胎、神の子イエスの誕生は聖霊によるものでなければなるまい。

一方、マーヤーの受胎は、すでに結婚後のことだから、処女懐胎ではない。夜ごとの愛のしとねで、一夜、不思議な夢を見たとして、それを翌朝、夫に語るのはごくあたりまえの話である。

聞いた夫が夢占いをするのも、当時の風習であって、呼び寄せられたバラモンの言葉をもってはじめて、受胎の意味が知らされる。もちろん、王も王妃も、「これはなにか特別な……」と期待する気持ちはあっただろうが、伝承のさまざまな粉飾を落としたところで、見えてくる風景はと言えば、マーヤーが夫である王の子を宿した、ということ。そして不思議な夢を見て、それを夫に語った、ということ。それだけだ。

出産までの日々

受胎後のマーヤーは、手に剣を持つ四天子たちが守護にあたった。マーヤーは、男性にたいする欲情が起きることがなかったそうだから、スッドーダナは彼女をそっとしておいたのだろう。マーヤーは安らかで、体に疲労を覚えることもなく、胎内にいる王子を、透明な宝珠に淡黄色の糸が通されているのを見るように眺めたという。

姉妹の逆転話を伝える先述の伝承は、身重となった彼女が五つの要望を持ち、それぞれにかなえた、とする。この五つの願い、というのがなかなか興味深いので、列挙しておこう。

一つは、「四大海の水をみんな、飲み干したい」と思ったので、王にそう願った。ちょうど城下に幻術を使う呪術師がいたので、呼び寄せると、彼は妃とともに楼上に昇り、眼前に四大海水を拡げてみせた。妃はそれを一気に飲み干し、満足した。

二つ目は、「牢獄に捕われている人々を全て、解放してあげたい」と思ったので、王にそう願った。王はただちに獄吏に、全員を解放するように告げ、妃は満足した。

三つ目は、「財産、諸物を施したい」と思ったので、王にそう願った。王はすぐにさまざまな財産、諸物を施したので、妃は満足した。

四つ目は、「苑園に行って、楽しみたい」と思ったので、王にそう願い、ともども、さまざまの園に遊んで、満足した。

最後の五つ目は、「父王の苑園に行って、そこにとどまりたい」と思ったので、王はすぐさま彼女の父王に使いを出し、人を送ってあたりをすべて清浄に清め、万端の整備をした。

最後に挙げられる「父王の苑園」とは、マーヤーの父王が妃、つまり彼女の母にねだられて作った美しい苑園のことで、これがブッダ誕生の地となるルンビニー園である。

この園は、彼女の実母が、近くの長者の園を気に入り、欲しい、などとわがままを言ったので、王が驚いて新たに作らせた、といういきさつを持つ。

にしても、五つの願いに、罪人への情けや、たくさんの布施を含ませるあたり、けっこうわがままな彼女の実母と異なり、「ブッダの母、かくあるべし」という経典作者の想いが伝わる一節と言えよう。

こうしてマーヤーは、生まれ故郷デーヴァダハに向かう途中のルンビニーで、出産を迎えることとなる。

シッダッタ王子の誕生

ルンビニーでの王子誕生は、さまざまな伝説に彩られている。時はほぼ紀元前四六三年、春のことだ。「天上天下唯我独尊」と言ったという有名な誕生シーンを経典に見てみよう。

カピラヴァストゥとデーヴァダハの二つの都のあいだに、両方の住民のためのルンビニー園と呼ばれる吉祥なサーラ樹の森があった。樹木は根元から枝の先まで、すべて一面満開の花であった。枝のあいだや花のあいだにも、五色の蜜蜂の群れと、いろいろな種類の鳥の群れが、美妙な声でさえずりながら飛びまわっていた。ルンビニー園全体がチッタラター園（三十三天における遊園）のようであった。

そのさまを見て、王妃はサーラ樹の森で遊びたいという思いにかられた。廷臣たちは王妃を案内してサーラ樹の森へ入った。彼女は吉祥なサーラ樹の根元へ行き、枝をとらえようと思った。サーラ樹の枝は、よく蒸気で熱した藤の先のようにたれさがり、王妃の手のとどくところにあった。彼女が手をのばして枝をとらえると、そのとたんに、陣痛が起こった。そこで、すぐさま天幕を囲い、大勢の人々は退いた。彼女はサーラ樹の枝をとらえ、立ったまま胎児を出産した。

まさにその瞬間、心の清浄な大梵天の四神が黄金の網を持ってやってきて、その黄金の網で王子を受け取って、母の前におき、「王妃よ、お喜びください。あなたに、大偉力のあるご子息がお生まれになりました」と言った。

赤子は、「法座からおりてくる説法者のように」両手両足をのばして立ち、母胎の不浄物にまみれることなく、「清浄で純白なカーシ産の布のうえにおかれた宝珠のように、光り輝きながら母胎から出てこられた」

そうして、人々の手を離れると、大地に立ってぐるりとあたりを見回す。四方八方、上下十方見渡したところで、自分に等しい者を見出さず、「これが北の方角だ」と言って、七歩あゆまれた。大梵天は白い天蓋を持ち、スヤーマ天は払子《ほっす》を持ち、他の神神は王者の標識となるその他の品を手にして従ったが、そこから七歩目で立ち止まり「わたしは世界の第一人者である（天上天下唯我独尊　てんじょうてんげゆいがどくそん）」にはじまる牡牛のような厳かなことばを発して獅子吼《しく》された。

この誕生シーンは、のちの仏伝では無憂樹（アショーカ）のもとで、母の右脇腹から生まれることになる。受胎も右脇腹であれば、出生も同じに、ということだろう。「臍《へそ》から下は不浄」とするインド的慣習からすれば、出産にともなう不浄物に、いずれ仏となる方がまみれていてはならないわけだ。このあたりの浄・不浄の感覚は、たとえばマリアの処女懐胎とイエスの出産シーンと見比べると、ちょうど対照的だ。

イエスの誕生など、「彼女が産をする日々が満たされたのである。そこで彼女はその初子の男の子を産み、産着にその子をくるんで、飼い葉桶の中に横たえた。旅籠の中には、彼らのための居場所がなかったためである」（『ルカ伝』）と、あっさりしたもので、マーヤーほどの詳述など、見当たらない。

さらに言えば、処女懐胎という、常識的にありえないことから語られる聖書と、生まれてすぐに赤子が立ったり、言葉を発したりする仏伝のおとぎ話性の、それぞれの伝の作られ方の相違がのぞく。キリスト教世界の神話的懐胎と人間的出生に対し、仏教は人間的懐胎（後代の種々の伝承はともかくとして）に神話的出生と言えようか。東西の宗教世界の人間観がちらと見える気がする。

誕生の地ルンビニーは、現在のネパール領にあり、その中心となるのがマーヤー寺院だ。かつては、平原の中の小さな白い祠堂《しどう》だったそうだが、一九七〇年代に開始されたルンビニー釈尊生誕地聖域計画の結果、その景観は大きく変わった。花々の咲き乱れる広大な敷地に各国の寺院群、図書館、博物館、ゲストハウスなどの建設が進み、マーヤー寺院は、派手な赤い色の大きな建造物となった。

寺院に面した大きな池は、産湯を使った沐浴池とされ、ネパール国王植樹による立派な菩提樹が枝を広げている。

アシタ仙人の予言とマーヤーの死

王子誕生からマーヤーの死までの日々は、むろん、たぐいなき王子に関する山のようなエピソードに埋め尽くされ、母のことなど、触れるひまもない。

ともかく、ルンビニーからカピラヴァストゥまで、生まれたばかりの王子とともに戻ったことは確かだろう。一説には、誕生の知らせを聞いて喜んだスッドーダナ王が母子を迎えに駆けつけた、とも言われる。

最古層の経典『スッタ・ニパータ』には、誕生したばかりの王子のたぐいなき将来を、アシタという仙人が予言する章がある。

王子の周りに集まったシャカ族の人々は、仙人が王子を抱き取り、涙するのに驚いて、どうしたわけかを問う。すると仙人は、不吉な理由などではなく、この赤子が「無上の方であり、人間のうちで最上の人です。最高のさとりに達し（ブッダになる、ということ。筆者注）、最上の清浄を見、多くの人々のためをはかり、あわれむ人となるでしょう。にもかかわらず自分はその時を待たずに命終えるのだから、こんなに残念で悲しいことはありません」と、涙のわけを語るのである。

他の経典では、この予言の場にマーヤーも同席している。彼女は、夫スッドーダナとともに白い象に乗り、アシタ仙人のもとにゆくのだが、このとき、王子はすでに命名を終えている。「シッダッタ」（目的を達成した人、の意味）の命名は誕生後五日目あたりと思われる。

スッドーダナは命名にあたり、この赤子の誕生によって、王家の繁栄と一切の成功が成し遂げられた、と思ったので、「彼（赤子）こそ一切のことの成就者である」と考え、そう名づけたという。ラーフラと比べると、天と地の差と言えよう。

いずれにしてもマーヤーは、我が子の名がシッダッタとなったこと、赤子がいつぞやのバラモンの占いのように転輪聖王か仏か、いずれかになる、ということをアシタ仙人が請け合った、そこまでは確かに、王、王子とともにあったと思われる。

とすれば、彼女は少なくとも一週間は我が子とともに過ごすことができたと言えよう。ブッダが天から見通したとおりである。

このアシタ仙人予言シーンのレリーフが、ニューデリーの国立美術館にある。「Asitas visit to Suddhodana」というタイトルで、紀元一、二世紀のものとされ、素晴らしく美しい。上段部分に仙人とスッドーダナが対座し、人々がそれを取り囲む。

仙人の膝の上には布切れがあり、そこに小さな足跡が描かれている。これは、まだ仏像が現れる以前の仏教美術の初期作品であることを示す。仏の形象化は、仏滅後五百年、紀元後一世紀後半にはじまったとされ、それ以前の初期仏教美術では、このように足跡で示されたのである。

レリーフでのスッドーダナは、彫りの深い端正な顔を悲しみに曇らせている。その理由は、「出家したらブッダとなる」という予言が、現実には王家の存続への不安につながるものだから、とも、仙人の涙を見ての不安、とも説明されよう。

彼らの傍らに、あるいは、取り囲む人々の間に、マーヤーの姿を探したが、見つけることはできなかった。レリーフ下段にはたくさんの女人が群れているのだけれども。母の存在など、当時の人々には形象化の必要もなかったのだろう。

マーヤーの死は、簡略に伝えられる。生まれて、七日、その母の命はつきた。仏となるお方を懐妊なさった功徳、福徳の大きさから、昇天なさって忉利天《とうりてん》にお生まれになった、と。

マーヤーはブッダを産んだ功徳をもって、天に迎えられたのである。

ブッダの母恋～慈しみの母

けれども、母マーヤーの話は、実はそこで終わらない。伝承では、シッダッタはブッダとなったのちに、再び天で母と再会するのである。

のちの仏伝研究資料によれば、悟ったあとの第七雨安居《うあんご》（七年目の雨季の定住）を三十三天に昇り、母マーヤーとともに過ごしたという。理由は、母のために教えを説こうと思ったからで、天で母と出会った彼は母を「智慧をもって教化しおわり」心満たされてその雨期を過ごし、やがて神々の世界からサーンカシャという地に降り立つのであった。

天での母との再会が、目覚めた人となって七年後であるなら、ブッダは四十二歳となる。四十を過ぎた男が、母に会いに天まで昇る。しかも悟りを得たあとに。

すでに天に住む母を、あらためて教化する必要などなかっただろうが、このあたりは伝承創作者が単純に、ブッダとて人の子、生みの母に会いたかったに違いない、と、心中をおもんぱかって作り上げたものだろう。

だが、実際のところ、母を恋うるブッダの心情は、ごくわずかだが、彼の言葉にも残されている。彼が母について語るのは、ほとんど「母、父、親族」(常に母が父より先にくるのは注目したい)つながりで、単独で母に触れるのは、『スッタ・ニパータ』では二句。「慈しみ」の章と、「恥」の章にそれぞれある。

あたかも、母がおのが独り子を命を賭けても護るように、そのように一切の生きとし生けるものどもに対しても、無量の慈しみのこころを起こすべし。

子が母の胸に頼るように、その人によっても、他人のためにその間を裂かれる事の無い人こそ、友である。

ブッダの母のイメージは、この二句に象徴されると言ってよいだろう。すなわち、我が子を命がけで護る母であり、誰によっても絆を断たれることのない存在である。

ここで母がまぼろしであることを思い出したい。生後わずかで母を失ったブッダに、母の面影があるはずがない。「母が自分の子どもを命がけで護る」という実際の光景や、確かな実感も、自身の経験としては持ちようがない。

物心ついたのち、自分を産んですぐに亡くなった母のことを周囲から知らされた。自分の誕生と母の死が背中合わせだったこと、それがどういうことなのか、その意味を王子がどう受け止めたかはわからない。

「自分の命と引き換えに」という罪悪感を持ったかも知れないし、「自分を置き去りにして」と怒り、怨みの感情を持ったかも知れないし、「命を犠牲にして自分を救ってくれた」とただただ感謝だったかも知れないし、彼の心中など、誰にもわからない。それを吐露する具体的な言葉もいっさい見つからないのだから。

ともかく、実際の母、現実に存在する母からの手渡しの愛など、彼にはなかった。それは確かだ。にもかかわらず、あるいは、それだからこそ、彼は、母と子の間に絶対的な愛を見ている。

子の犠牲になることをためらわない母の愛、とは、自分を産んで亡くなった母のことにほかなるまい。誰にも断つことのできない、間を裂くことのできない母子の絆のようなものこそ、本当の友人だ、というのは、種々の思惑や損得利害を超えた友愛を示す。

つまり、ブッダの心の中に、母とは、自分のために命を捨てた女性で、誰にも断ち切ることのできない固い固い絆で結ばれた、唯一無二のひとなのだ、という強い想いがあったことを、この二句は語っていると言えよう。

だが、ここが大事なのだが、それは現実の母から彼が実感したことではない。あくまで、そうに違いない、と思うほかない、実際には確かめようのない思慕であったということだ。

まぼろしは、まぼろしだからこそ、あらがいようのない絶対性を持つ。天に昇ってまで、会いたい母。母のイメージは、彼の中でどんどん偶像・神格化されていったに違いない。

こうして母は、「私の母」の枠を超え、全ての生きとし生けるものへの無量、つまり際限ない「慈しみ」を抱く「万物の母」へと昇華されるのである。

この母偶像化パターンは、聖母崇拝として多くの宗教に見受けられる。

「慈しみの母」の強力なイメージとして、もう一つ、ブッダの前世譚（前世物語）『ジャータカ』からの説話を挙げておきたい。というのも、ここには、母子関係のことがリアルに語られているからだ。ちなみに、ここに登場する兄ソーナが前世のブッダ、弟ナンダはブッダの愛弟子アーナンダとされている。

この話は、親を養うことをテーマとしたもので、簡単に言うと、ソーナとナンダ兄弟が親の世話をめぐって権利を争う筋である。この時代、親の世話をすることは功徳を積むこととされていた。それは、無理やり負わされた義務というより、むしろ競ってでも手にしたい権利だったのだ。今の世の中とはまるきり違う認識である。

話の筋はこうだ。親が、弟ナンダが手っ取り早く先に用意した食物ばかりを食べ、自分が一生懸命探したものをあとから持って行っても「もう食べたから要らない」と断わるのを不快に思った兄ソーナが、弟を家から追い出す。

と、聞くと、なにやら聖書のカインとアベルの物語に似ているのだが（神は、弟アベルの捧げものの羊を喜び、兄カインの穀物を拒絶したので、兄は弟を殺してしまった）、こちらはそんな殺伐とした話にはならない。追われた弟は「とにかく兄さんに謝って許してもらおう」と、いたって殊勝だ。いろいろ智慧を絞り、七年以上かかって家に戻ってくる。結果、兄は弟を許し、親の面倒を見てもよい、と「許可」するのである。

兄ソーナが、母に「弟に、面倒を見てもらうかい？」と聞くと、母が「今まで、すっかりあなたに頼っていたのだけど……でも、あなたが許すんだったらいいですよ」と答えるので、その母の徳（母の徳の高さ）を説明する詩を二編、彼が詠む。

「かつてわれらに　乳飲ませ　心やさしい　よりどころ」「母は福徳　そなえたおかた」といったふうに。

授乳、というのは赤子の生存にかかわることだし、母体を離れ、出会う母子の最初の絆の結ばれであるから、「乳を飲ませてくれるやさしい母よ、あなたは私のよりどころ」となるのだ。

この詩詠に際してのソーナの台詞は「ナンダよ、あなたは兄のわけまえを得たのだ。母というものは実にありがたい。なまけないでお仕えしなさい」である。「わけまえ」とは「親の面倒を見ることができる、という益のわけまえ」のこと。続けて、母の苦労を諄々《じゅんじゅん》と説く。

まずは、子を授かりたいと神に祈り、子を宿せば、胎内の命に愛情をそそぐ。ゆえに〈妊婦・愛情を持つ女〉と言われる。一年近く、胎児を守り、時いたって産む。それを〈生母〉と言う。産めば「胸の乳房や　子守唄　あるいは肢体に　抱きこんで　泣く子をなだめ　喜ばせます」。したがって、母とは〈喜ばす女〉である。「烈しい風や　また熱に　幼いわが子を　さえぎって　何も知らない　子を育てます」。それゆえ〈育て女〉と呼ばれる。このように我が子よ、我が子よと母は忙殺されるのだが、「青年になれば真夜中に　人妻たちに　熱をあげ　息子は夕方帰らない」。悩める母となるのである。このように苦労し育んでくれた母に仕えることなく、邪険に扱うならば、地獄に落ちるぞ、とソーナは結ぶ。

ここに描かれているのは、まさに、子のためなら我が身をいとわぬ慈しみの母そのままの絵柄である。これは一般民衆の普通の感情が映し込まれた民間説話で、ブッダの言葉と直接には関係ない。

だがおそらく、こういう母の姿こそが、彼の心中奥深くにあり続けたまぼろしにリアリティを持たせたのではなかろうか。幼い日々、周囲の母子のやりとりを眺めながら、思っただろう。自分に母というものが居たとしたら、きっとこうだろう、と。

亡き母への追慕は、つのるばかりであった。

もう一つ、先述した「母、父」の表記の順番について触れておく。両親の表示を、経典では「母と父」とする。当時の家父長制に対し、父より母を重んじる仏教の特徴がここに表れているとする指摘もあり、興味深い。

ちなみに、漢訳経典で「父母」になるのは、儒教国であったからで、日本にも「父母」で伝わっている。したがって、日本語訳本は「父母」の表記となる。本書でも、日本で一般的な「父母」の順で記述する。

ブッダは母を知らない。ただ「まぼろし」の中に「慈しみ」を見るだけだった。

ブッダの母捨て～捨てよ、滅ぼせ

ところでブッダは慈しみの母のまぼろしを抱く一方で、「母子の絆を断て」とも説いた。誰にも絆を断たれることのない母の姿を追いつつ、もう一方では「どんな絆も断たねばならぬ」と言うのだ。

「慈しみ」と同じ経典の「犀の角」の教えの中で、彼はこんなふうに母子の絆を「断て！」と言っている。

妻子も、父母も、財宝も穀物も、親族やそのほかあらゆる欲望までも、すべて捨てて、犀の角のようにただ独り歩め。

さらには、こんな表現も、『ダンマ・パダ』の「さまざまなこと」の章にはある。

（「盲愛」を譬える）母と（「われありという慢心」を譬える）父とをほろぼし

――（中略）――バラモンは汚れなしにおもむく。

母を盲愛にたとえるとは、ずいぶん手厳しい。この表現は、続く文中でも再度、使われている。ちなみに、この句は、もともとは「母と父とをほろぼし」となっている。これに、ブッダゴーサという五世紀初頭のスリランカの学僧、経典の大注釈者が、「盲愛という母、慢心という父」という注釈を加えたのである。文意の解釈はいろいろあろうが、盲愛と母とを結びつけるブッダゴーサの慧眼は鋭く、ブッダの真意を見抜いているのではあるまいか。

そこに潜む愛の形は、たとえば、シャカ族の王位争奪での妃（母）のふるまいに重なる。我が息子、ひいては我が身の富と栄誉という我執・我欲から生まれる愛執の塊たる母の姿だ。

ブッダは、そのような盲愛の母を滅ぼせ、と言うのである。

ブッダにとって母というものが、所詮、誰かの母でしかないのであれば、母というものの愚かしさを客観的に見つめる、こうした鋭い切り口こそが、むしろ彼の現実的な実感だったのではなかろうか。

我欲と直結する盲愛の愛執など断ち切ったほうがよい。だからこそ、「妻子も父母も……」捨て去れ、なのだ。彼の眼には、我欲で我が子を縛るさまざまな母の姿が、はっきり見えていたのだろう。

実現できなかった自分の夢を託す母親は実に多い。手に入れた富や地位を我が子に、と奔走する母親も実に多い。母親の願望が子をスポイルするパターンは今も変わりない。それが母殺しにさえつながってゆく……。まさに母親の欲望が子を殺し、自分へもその矛先が向いてくるのだ。

ブッダにはそれが見えていた。「父母をも捨てよ」という言葉の背後には、愛執の絆が、とどのつまりは我欲から生ずるものでしかない、という客観的な洞察がある。

裏返せば、彼はそのような愛しか知らなかった、ということかも知れない。それだけによけい、まぼろしに恋いこがれた。
ここに、ブッダの愛の苦悩の最初の種がある、と私は思う。

母子の絆のねじれが生むもの

ところで、イエスにも「捨てよ、滅ぼせ」に似たような感覚を示す言動がある。ガリラヤのカナという町で起こした奇蹟にまつわる話（カナの婚礼）の中でのこと。ここで彼は、瓶の水を葡萄酒に変えてみせるのだが、問題はそのとき、久しぶりに会った母マリアとの会話である。

イエスの母が彼に言う、「葡萄酒がありません」。イエスが彼女に言う、「女よ、それが私とあなたにとってどうしたというのです。私の時はまだ来ていません」
（ヨハネ福音書）

イエスは懐かしい母を、なんと「女よ」と、呼んでいるのだ。さらに、「お酒がない？　それがどうかしましたか」とは、子が母に対する態度とも思えない。

すでに洗礼を受けたイエスが、この世の母子のつながりなど断ち切って、神の子イエスであることをほのめかす一節とも読めるのだが、このあたり、聖人というのはやはり、どこかの時点で、現実的な「誰かの子」であることを否定して、「神の子」もしくは「みんなの仏」へと変身してゆくものなのだろうか。

母にとっての私の息子、という個人的なかかわりを超え、もはや自分は人間全般というものへ歩み出したのであるから、「我が子」などという意識を持ってもらっては困る。そんな感覚だ。

要するに、愛執を振り捨てて慈愛・博愛の世界へ飛び立った。母を振り捨て、慈愛の境地へ、なのである。

強引を承知で言うなら、三大宗教（仏教・キリスト教・イスラーム教）の祖はいずれも、幼少期に母の喪失・不在や、母子関係のねじれを持っている。イエスがマリアの婚外子である、という説は、母とのねじれを暗示するし、ムハンマドは幼少期に母を失っている。ブッダは生後間もなく、だ。

具体的な特定の誰か（愛執）でなく、不特定のみんな（慈愛）へと想いがゆく、その思考・感情の回路は、宗教というものに不可欠だろうが、ひょっとするとそこに、母の不在やねじれという理不尽への屈折・鬱屈が、なんらかの方向性を与えるのかも知れない。

胎内十ヶ月の一体たる母子関係が、誕生によって二体に分たれ、新たな母子関係が築かれる、その時点で、関係構築のための足場を根こそぎ奪われた。

人間関係の最初の一歩を、踏み出しようがない立ちすくみ状況である。そこに世間一般とは異なった人間関係感覚（千手観音感覚とでも言ったらよいか――特定の誰かでなく、不特定のみんなへの気持ち）が宿る。

いわば、慈しみの母の幻想をさらにふくらませたものが、宗教者の特質たる千手観音感覚を育てる……。現実の母を持たないからこそ、可能な幻想であり、感覚ではあるまいか。

母の遺したもの

ともあれ、こうして眺め渡すと、ブッダの母への想いが、そのまま「誰も特別に愛さないでいよう」と「あまねくみんなを愛そう」へと流れ込むのがわかる。

我欲で子を縛る盲愛の母は捨てよ！　我が身をかえりみず子を護る母こそ、慈愛の化身！　この二つである。

考えてみれば、この両者は、分ちがたく結びついている。誰か特定のひとを愛し、絆を結べば、必ずそれ以外のひととのかかわりが薄くなる。みんなを等しく愛するには、誰か特別のひとを作ってはいけないのだ。まさにブッダの説くとおり。

理屈としてはそうであるが、巷の愛とは、常に誰かとの特別の関係である。みんなを等しく愛したい、などと思って日々を送る幼子などいまい。まずは目の前の最初の女性、母からの愛が、具体的な愛というものを教えてくれる。かかわり、というものの全ては、そこから始まる。みんなへの意識が芽生えるのは、はるか先のことだ。

彼は探しただろう。母のような女性を。亡き母のまぼろしを追いかけつつ、幼い王子の心中にあったであろう猛烈な孤独感は、母のような女性との、今度は絶対に断ち切られることのない固い固い絆を猛烈に求めただろう。

生後間もなくの母の死は、王子の中に、愛へのやみがたい渇望を仕込んだのである。

ブッダは苦の原因を「渇愛」と表現したが、それは生母が彼に与えた愛の最初の、かつ、究極の苦痛にほかならない。

そうしてこの渇愛が、青春期のシッダッタの心身をかきむしることとなる。

第二章　マハーパジャーパティー……許されざる愛

マハーパジャーパティーはブッダの乳母、養母だったか？

マーヤー亡きあと、スッドーダナの正妃に迎えられたのは、妹のマハーパジャーパティーで、彼女は、八人姉妹の末の妹だった、とも言われる。シッダッタを我が子同様に可愛がったとされ、のちに弟王子ナンダを産んだ。漢訳では、その名の原語の意味から「大愛道」と呼ばれる。

経典には「マハーパジャーパティー・ゴータミーは叔母で、養母、乳母にして、ブッダの生母がなくなってから母乳をのませてきた」という記述がある。

ゴータミーとはゴータマ家の、という意味で、ゴータマ・ブッダも、ゴータマ家出身でブッダになった人、の意味である。当時、悟りを得た人はみな、ブッダと呼ばれ、複数いた。ゴータマ・ブッダが、固有名詞「ブッダ」になるのはのちのことである。

マハーパジャーパティーがシッダッタに母乳を飲ませて育てた、とは、彼女にも嬰児《えいじ》がいた、ということだ。母乳は自分の嬰児がいなければ出ないのだから。

この記述を上書きする形で物語っているのは、馬鳴《めみょう》（アシュヴァゴーシャ）だ。彼は仏伝『ブッダチャリタ』（ブッダの生涯を描いた作品）の作者として有名な大詩人で、紀元一世紀前後に活躍したとされるが、ブッダの義弟ナンダを描いた『サウンダラナンダ』（「端正なるナンダ」）で、二人の王子がともに王の寵愛を受けつつ、すくすくと成長するさまを描いている。

シッダッタの異母弟ナンダは、「喜び」を意味するその名にふさわしく、長い腕に広い胸、獅子の肩、雄牛の眼を持ち、美しい肢体の持ち主だった。また、兄シッダッタが周囲の享楽に一切愛着しない質であったのに対し、ナンダは常に放逸であった、と。

いかにも詩人の創作らしい魅力的な設定だが、この異母兄弟が、同じ母マハーパジャーパティーの乳を飲んで育つほどに歳が近かったということは、ありえない。

その理由は以下に述べるが、シッダッタとナンダという異母兄弟の年齢差がどれくらいだったかは、マハーパジャーパティーとシッダッタのかかわりを見るうえで、非常に重要だ。

マハーパジャーパティーを乳母・養母とする記述は、前記の文言のほか、彼女の出家をブッダが拒む折、アーナンダが取りなすときの言葉などにも出てきている。したがって、彼女はシッダッタに乳を飲ませた乳母であり、育てた養母で、ブッダとは義理ではあっても母子関係、という了解が常識なのだが、はたしてそうだろうか。

そこをまず、シッダッタとナンダの年齢から、考えてみたい。

シッダッタと異母弟ナンダの年齢差が語ること

手がかりとするのは、ナンダの出家だ。

三十五歳で大悟（悟りを得る・成道）したブッダは、その後、故郷カピラヴァストゥを訪れ、立太子式と結婚式を終えたばかりのナンダを強引に出家させている。なぜ強引なのかも問題なのだが、ともあれ、ここで考えねばならないことは二つある。

一つは、ナンダを無理やり出家させた帰郷をいつとするか。もう一つはこのときのナンダの年齢だ。

この帰郷の時期については、成道後一年から十三年まで、諸説ある。ナンダの年齢については、ブッダ自身の結婚が十六、七歳と言われるから、ナンダもそれくらいと設定しよう。そこで、たとえば一年後帰郷説をとると、この異母兄弟は二十歳ほどの年齢差となる。これが十三年後の帰郷だと、三十歳以上の開きになってしまう。

この二つの事柄を見比べてみると、どう差し引いたところで、シッダッタとナンダは少なくとも十五歳は年が離れていたとせざるをえないだろう。

とするなら、マハーパジャーパティーがシッダッタに彼女の母乳を飲ませることは不可能に近い（ただしその頃、彼女に死産、早世の嬰児があったなら話は別だが、ここでは考慮外とする）。

さらに、十五歳ほどの年の差が意味するのは、シッダッタの結婚とナンダの誕生が、極めて近い時期の事柄ではないか、ということだ。

私は、ナンダ誕生を、シッダッタ結婚のすぐあとくらいだろう、と考えている。

もっとも、このように、目をさらにして事実（などと言える確かなものなどないのだが）関係を追究し、それを時系列に並べてゆくことは、実はいささか空しい。たとえば「アーナンダは百二十歳まで生きた」などという記述を見ると、常識的な年齢設定が意味のないことと思えてくる。旧約聖書でも、アブラハム百歳のとき九十歳の妻サラが身ごもることになっており、この種の話は普通の感覚で測ってはならないのである。

したがって、限りなく事実（史実）に近いであろう仏伝を時系列にそって編むことは、ほとんど不可能とされる。先述した馬鳴の『ブッダチャリタ』は成立年代も古く、ブッダの全生涯を記述した、現存する最も完全な仏伝とされるが、史実にもとづくかどうかは、『サウンダラナンダ』でも述べたように、疑わしい。

現在、果敢にこの時系列での編纂作業に挑戦している日本の研究者グループがあるので、その最新資料を参照しつつも、あくまで私独自の多少、強引な推測・憶測を交えながら、話を進めてゆきたい。

新しい「母」は童女だった

シッダッタの結婚は十六、七歳とされる。ナンダとの歳の差が十五歳以上、とは、マハーパジャーパティーは、いわば、王子が妃を迎えるに至ってはじめて（それを待ったかのように）、ナンダを産んだ、ということだ。

これはいったい、どういうことか。

王侯貴族にとって家系存続は最重要のことがらであるから、正妃以外に第二、第三と妃妾《ひしょう》を持つのが普通だ。スッドーダナの場合、シッダッタ誕生とともに正妃を失っており、おまけに、アシタ仙人の予言により、この王子がいずれ出家するかもしれないという不安を抱えている。であれば、もしや、に備え、家系を守るべく、ただちに王子のスペアたる兄弟を準備して不思議はない。すみやかに新たな正妃を迎え、子孫を増やして当然なのだ。

むろん、王はすぐにマーヤーの妹マハーパジャーパティーを妃とした、らしい。けれども、次なる弟王子の誕生には、かなりの歳月を要した。しかも、王子はこの二人きりなのだ。

当時の出産は、それこそ母子の生死をかけた困難なものであったことは確かだし、また出生した子の長生も難しく、さらに男児をのみ系図に残す場合も多い。にしても、この空白の十五年余は、長すぎる。

姉亡きあと、すぐに正妃となったとして（十三、四歳か）、この年月を、マハーパジャーパティーはどうしのぎえたのか。姉マーヤーの遺した王子の養育に、少女から乙女への開花期と成熟期とをほぼ丸ごと費やし、三十路近く（もしくは、過ぎて）に、やっと第一王子を産む、とは、当時の宮廷女性のライフ・サイクルから見ると、いかにも特異だ。

したがって彼女は、八人姉妹の末妹と言われるように、まだ年端もゆかぬ幼年に、姉とともに宮廷に入り、成長を待って妃とされた、とするのが自然だろう。

結婚の仕方などに触れている経典には、「もろもろの妻のうちでは童女がもっともすぐれている」という一節がある。また、『カーマ・スートラ』(「性愛の書」として知られるがインドの伝統的な性学を説く、れっきとした論書である)の「求婚に関する規定」によれば、結婚は少なくとも三歳年下の処女であることが望ましい、とされる。まだ童女のうちに婚姻し、さまざまに遊び相手などしつつ、相手が自分に親しみ、慕うように仕向け、成熟するのを待つのだという。

実際の結婚までに、いかに童女の心を惹きつけるか、といった方法も、詳細に述べられている。すなわち、少女と一緒に花集め、花摘み、花編み、人形遊び、ままごとなどを、彼女の年齢を考慮して行なうべきである、と。さらに、ジャンケン、お手玉、小指遊び、はたまた、かくれんぼう、鬼ごっこ、目隠し遊びなどなど、彼女の好みに応じて、彼女と一緒に遊んでいる奴隷や婢女たちともども仲良くし、親しさが増したならば、彼女とだけ遊ぶべし……。

スッドーダナ王もまた、亡き妃に似た妹童女を溺愛し、身辺に絶えず置いて遊び戯れたかも知れない。そうして女性となった徴《しるし》を見てはじめて、実質的な妃として迎えた。

こうしたパターンは平安の王朝物語『源氏物語』での若紫（のちの紫の上）を想起させる。幼少の若紫を見初めた光源氏は、手元に引き取り（略奪し）、養育したのちに妃とし、生涯彼女を愛し続けた。

ちなみに若紫は、光源氏が深い想いを寄せた義母、藤壺の姪で、若紫への執着はその面影に惹かれてのことである。藤壺は、光源氏が三歳の頃に病死した実母、桐壺更衣に似ていることから新しい妃として帝に迎えられるのだが、光源氏とは五歳しか年齢が離れていなかった。そして、この年上の義母との間に光源氏は不義の皇子をなしている。源氏十八、九歳のことだ。罪の意識におののく藤壺は帝亡きあと、必死に引き止める源氏を振り切り、出家している。

なんとなくシッダッタの境遇と似通ったところがありそうだ。が、ここでは、千年を超える時間と場所は違っても、王侯貴族の生活は似たり寄ったりだったのだろう、と言うにとどめておく。

マーヤーという絆〜渇愛を満たす場所

ともあれ、シッダッタの結婚とナンダ誕生とは、いわば王子の独立と、スッドーダナ王と王妃の男女の契りが、微妙に交錯した時期だったと思われる。

であれば、マハーパジャーパティーは、シッダッタの乳母でないばかりでなく、養母のイメージともほど遠く、むしろ姉に近い。五、六歳年上の、姉マハーパジャーパティー、というのがおそらく適切だろう。マハーパジャーパティーにとっては、スッドーダナ王は父のような存在だったのではないか。

シッダッタと、マハーパジャーパティーが、幼年期、少年少女期を互いにどう過ごしたかは、むろん、わからない。が、おそらく、この幼い二人にとって、姉であるマーヤー、母であるマーヤーは、お互いをつなぐ、大切な絆であったと思われる。

王の膝元で、姉弟のように親しく睦まじく遊び戯れつつ、二人は二人にしかわからないその絆を、そっと確かめていったのではなかろうか。いわば、二人の心の中の秘密の場所としてのマーヤーだ。

マハーパジャーパティーは、故郷を離れ、見知らぬ土地に来て以来、頼りにしていた姉マーヤーを、物心がやっとついた頃に亡くしている。異郷の地で抱え続けた心細さ、寂しさは、母を知らぬシッダッタの持つ寂寥《せきりょう》とまっすぐ結びつく。

幼い二人は、まぼろしのマーヤーを共有することで、固く結ばれていた、と言えないだろうか。王子にとっては、胸に抱える渇愛が満たされる唯一無二の場であり、時間であっただろう。

弟は姉（のようなひと）をただ慕い、姉は弟（のような子）をただ愛しんだ。そういう姉弟の感情が、年齢とともに男女のものに変化していっても不思議はない。実の姉弟でなければ、なおのことだ。姿形が整うにしたがい、童女は姉の面影をくっきり伝え、少年もまた生母の美しさそのままに凜々しく成長し、互いの中の秘密の場所から秘密の感情が育ってゆく。マーヤーの蒔いた種を、二人は無意識のうちに育んだ……。ありえなくはなかろう。

したがって、マハーパジャーパティーが体の変化を迎える前に、彼らも、当然、遠ざけられたと思われる。

紀元前二世紀から後二世紀の間に編纂された古代インドの法典『マヌの法典』には、「淋しき處にて己れの母、姉妹、或は娘と共に坐すべからず。なんとなれば諸官能は強くして、賢者をも支配すればなり」という一節がある。すなわち、男女の関係は、たとえ母子、姉弟、兄妹、父娘の間でも生じうる、ということだ。

こうした戒めは、実際にそのようなことがあったからこそわざわざ設けられたのである。実際、シャカ族の伝説は、四人の王子たちと異母姉妹との結婚を告げている。

マハーパジャーパティーの、妃への準備期間は、シッダッタの王子教育の本格化と重なる。王子は、当時の王侯貴族教育に則って、順調、もしくは非凡な成長を遂げている。

経典によれば、シッダッタは七歳で学書を学び、十歳で競試武芸に秀でたという。貴公子然とした美形であったものの、もろもろの武芸も達者。格闘技系（素手で殴り合う、といったような）の試合でも負けることなく、しかも相手を痛めたり傷つけたりしなかった、とは、いかにも仏伝らしい粉飾である。

ちなみに、経典では極悪人として語られるデーヴァダッタが登場するのもこの頃だ。デーヴァダッタは、ブッダの従弟とも、義弟とも言われるが、もし従弟とみなすなら、幼い頃から一緒に遊んだり、武芸を競ってもおかしくはない。

たとえば、デーヴァダッタの射た雁をシッダッタが助けた、という説話もその一つで、その際に怨みの心がデーヴァダッタに生じた、とされる。結婚に際し、シッダッタとデーヴァダッタが妃を争った、というエピソードを伝える経典もある。のちに教団を乗っ取るためのクーデターを首謀することとなるこの人物については、どこかでその悪漢ぶりを仕込んでおかねば、というのが経典作者たちの意図ででもあろうか。

シッダッタの思春期〜女嫌いの素地

武芸に逞しさを示すシッダッタは、やがて思春期を迎える。マハーパジャーパティーがスッドーダナの正妃となったのも、この頃だろう。

遠ざけられ、父の妃となった女性を、シッダッタがどのような想いで見つめ続けたか。妃となったマハーパジャーパティーが、男らしくなってゆくシッダッタをどのような想いで見つめ続けたか。

そこに分け入る前に、この時期の王子の宮殿での生活ぶりをながめておく。

女性に関し、シッダッタがかなり特異な思春期を過ごしたであろうことは、どの経典も伝えている。ブッダの女性観が培われる様子を、ここで見ておきたい。

王侯貴族の子弟は、一般の男子よりはるかに早熟である。言うまでもなく、その周囲に絶えず女たちが群がるからだ。シッダッタの場合も同様、というより、おそらく普通以上に幾重にも女たちの輪が取り巻いた。

シッダッタは、幼い頃から虚弱で、瞑想気質であったようだ。スッドーダナはそんな息子を見るにつけ、母亡き子への不憫さと、誕生の折のアシタ仙人の予言などを思い合わせ、息子の心をつなぐのに、ひたすら甘やかし、女たちをはべらせた。

経典は語る。父王はただただ王子を喜ばせようと、青や紅、白などとりどりの蓮の華の咲き乱れる蓮池を、庭に作った。王子の使う香は極上カーシー（ベナレス）産の栴檀《せんだん》香のみで、衣服も下着も肌着も、身につけるものはすべてカーシー産のものであった。

散歩の折には、寒さ、暑さ、塵、草、露などが王子に触れないように、昼も夜もお付きの者が白い傘蓋をかざした。

宮殿も、冬の宮殿、夏の宮殿、雨季のためのものと、三つあって、雨季の四ヶ月は雨季の宮殿で、女だけの伎楽《ぎがく》にとりかこまれ、王子が宮殿から下に降り立つことはなかったという。

スッドーダナは、王子の愁《うれ》いと自身の不安をなだめるために、大変な過保護に加え、母代わりと思ってか、大勢の女たちを彼にあてがったのである。

「飾り立てた四万人の舞姫にかしずかれ、天女の群れに囲まれ、男ぬきの音楽を楽しむ神のような王子」は「大きな幸せを感じていた」とされるが、彼がこうした日々をほんとうに幸福と感じていたかどうか。この説話には、「ラーフラの母は、彼の第一王妃であった」という記述が続いている。

女だけの伎楽に四ヶ月も毎年暮らせば、いいかげん、女に辟易したところで無理はない。経典が伝える、女についてのブッダの言葉は、痛烈だ。婦女の求めるところは男性であり、心を向けるところは装飾品・化粧品であり、よりどころは子供であり、執着するところは夫を独占することであり、究極の目標は支配権である、と。

ここで支配権との指摘があるのは、たとえばシャカ族の由来伝説にあるように、我が子に王位を継がせようと奸計《かんけい》をめぐらす王妃は、どの時代どこの世界にも居るわけで、ブッダの周囲の王侯貴族もまた、そうした話で溢れていたに違いない。これは彼の実感であっただろう。

宮殿に押し込められ、絶えず、過剰な女の群れの中にあって、王子の冷厳な観察眼は、母恋とは別のところで、キリキリと研がれていったと思われる。すなわち、「捨てよ、滅ぼせ！」「絆を断て！」の盲母、妻子、婦女へと向かう女性観である。

ブッダの語る愛欲の日々

では、女だらけの宮殿でのシッダッタは、単に、まぼろしの母を偶像化する女嫌いの少年だっただけなのだろうか。

ブッダの言葉を伝える『ダンマ・パダ』（「真理のことば」）の「象」の章で、彼はこんなことを言っている。

この心は以前には、望むがままに、欲するがままに、快きがままに、さすらっていた。今やわたくしはその心をすっかり抑制しよう、――象使いが鉤《かぎ》をもって、発情期に狂う象を全く押さえつけるように。

このようにはっきり、過去の自分の欲望について触れている言葉は、大変珍しい。あるいは、同じく「愛執」の章に、

われはすべてに打ち勝ち、すべてを知り、あらゆることがらに関して汚されていない。すべてを捨てて、愛欲は尽きたので、こころは解脱している。みずからさとったのであって、誰を師と呼ぼうか。

また、『ウダーナ・ヴァルガ』（『感興のことば』）の「楽しみ」の章には、

この世における愛欲の楽しみと、天上における楽しみとは、愛執を滅ぼした楽し

みの十六分の一にも及ばない。

こうした言葉の中には、王子であった彼の過去の愛欲の日々がうかがえよう。だが、大事なのは、その先だ。女たちに囲まれ、性愛をほしいまま過ごした日夜を振り返るブッダの言葉は、似たような世間に生きる迷い人たちに、共感を生んだだろう。その生々しい言葉に続いて、必ず、それを克服するすべが語られれば、聴き手はきっと、自省とともに、清明な境地への心を抱く。ブッダの説法の力は、このように自分の傷口を人々に平然とさらけ出すところにこそ、あったのではないか。

王子が知った、まことの「快」

こうしてみると、十六歳での結婚を迎えるまでのシッダッタの女性とのかかわりは、女だらけの快楽に溺れつつも、冷ややかな目であたりをながめ、心の奥には決して満たされぬ母恋を抱えつつ、同時に、もはや手の届かないところへと行ってしまったマハーパジャーパティーへの想いに悶々とする、という非常に屈折したものであった、と想像できる。

つまり、女に溺れても女嫌いで、天の母の慈愛に焦がれ、この世の叔母を愛慕する、そういう王子シッダッタである。

そのマハーパジャーパティーへの想いは、どのように語られているか。むろん、ブッダが具体的に語るわけがない。だが、性愛の対象にすぎない女たちとは別格の女性が居たのではないか、と思わせる言葉を見出すことはできる。

たとえば『スッタ・ニパータ』の中でも最古層の言葉とされる第四章の「争闘」の節だ。この節は、まず、「争闘と争論と悲しみと憂いと慳《ものおし》みと慢心と傲慢と悪口とは、どこから現れ出てきたものですか?」という問いかけからはじまり、その応答として語られるのだが、かなり形而上学的な問答になっている。

というのも、「経典の話」の項で述べたように、『スッタ・ニパータ』のブッダの言葉の多くは、バラモンや修行者からの問いかけに応えたもので、それなりに学識を備えた相手への対応は、やや難解になる。この節もまた、そうした応答となっており、本書でここまでにご紹介した句とは多少、趣が異なる。が、平明な語り口ばかりでなく、こうした哲学的な応答もまた、ブッダの説法の力であったし、このような最古層の応答を基として、のちの仏教の教義が整備されてゆくのであれば、多少、言葉が難しくとも、そうした思惟《しい》を裏付けするブッダの実感をここに見ておきたい。

ブッダはこの最初の問いかけに、それらは全て、「愛し好むものにもとづいて起こる」と応える。つまり、争いや悲しみ、傲慢、悪口といった人間の心を苦しめることごとは、すべて自分が愛し、好む対象によって生じるのだ、と言っているのだ。彼が、苦しみの根源を「愛」に見ていることは、ここからも明らかである。

さらに、愛し好むものや貪りは、欲望から生じるものであるのだから、それらを克服するように、と説く。彼はここで、愛したり好きになったりするのは、欲望がそうさせるのであり、またその欲望は、快感、不快感から生じるものだ、と続けるのである。

では、快感と不快感は何にもとづいて起こるのか、との問いに、「快と不快とは、感官による接触にもとづいて起る」。さらに、感官による接触が何にもとづいて起るのか、という問いに、「名称と形態とに依って感官による接触が起る」と、答えている。

いささか形而上学的で小難しいが、簡単に言うなら、「快感」を求めて欲望が起り、その「快感」は「接触」によって生じる、ということだ。さらにその「接触」とは「名」と「形態」によって起る、と。

これを「女」で読み替えてみれば、非常にわかりやすい。女性の「名」を知り、その「姿形」を見て、それに「触れる」とき、「快感」が生じる、ということだ。つまり「触れる」とは、「現実の生身の名称をともなった形態」を対象にしなければ、起りえない、と言っているのだ。

「まぼろし」では「快」は得られないのである。いくら手をのばしても、触れないから。「まぼろしの母」では、駄目なのだ。

ということは、彼は、「名称と姿形」を持つ具体的な誰かに「触って」快感した経験を持っているのだ。それはいったい誰か？　宮殿で流し目を送ってくる女たちだろうか？　うんざりするほど性愛に長けた女たちだろうか？

そうではなかろう。彼女たちは、「姿形」はあっても「名称」などなかっただろう。いわば、ひとくくりの「女たち」であって、単なる性愛の対象でしかない。

ブッダは「接触」が起りうるために、「名称」つまり「名」を挙げている。彼の周囲で「名」を持つ女性、彼がその「名」を呼ぶに足る女性とは、いったい誰か？まぼろしの母、亡きマーヤーの面影を映したマハーパジャーパティーである、と言ってしまおう。いや、妻のヤショーダラーだって、名称を持った女性だろう。ならば、彼に「快」を教えたのは、妻であるのが当然で、養母とされた継母ではなかろう、とするのが普通かも知れない。

だが、この疑似姉弟の、人生の行く先々での絡み合い方は、妻であるヤショーダラーのそれよりずっと強く、濃いのである。

母を慕って天に昇ったブッダは、この世で、彼の人生に終始寄り添う形で生きる現実の女性の存在を許した。それは、妻ではなく、マハーパジャーパティーなのである。

許されざる恋

ともあれ、先に挙げた、この「争闘」の節でブッダが披瀝《ひれき》しているのは、「争闘」が起こるのは「愛し好むもの」のせいであり、そのような愛情や好意が起きないようにするには、形というものが消え失せればいいのだ、という教えである。

「形態」つまり「姿形」がなくなれば、それに触れて「快感」することもなくなるから、そのように修行しろ、ということだ。

したがって、彼はそのように修行し、「形態」を消滅させ、「接触」による「快感」に打ち勝ったのである。青春のシッダッタは、「愛し好むもの」に悩み、闘い、修行におもむき、ついに、これを克服した。『スッタ・ニパータ』などに見られる彼の言葉は全て、彼自身が悩み、苦しみ、それらを超克《ちょうこく》せねばならなかったことがらを、ありのまま語っているのだ。だからこそ、その痛切さが、聴く人の胸に響く。

もう一つ、『ダンマ・パダ』の「愛するもの」の章には、こんな連句もある。

愛する人と会うな。愛しない人とも会うな。愛する人に会わないのは苦しい。また愛しない人に会うのも苦しい。

それゆえに、愛する人をつくるな。愛する人を失うのはわざわいである。愛する人も憎む人もいない人々には、わずらいの絆が存在しない。

愛するものから憂いが生じ、愛するものから恐れが生ずる。愛するものを離れたならば憂いは存在しない。どうして恐れることがあろうか？

青春のシッダッタは、愛するひとに会えない苦しみを抱えていた。愛するひとを失う苦しみも、愛がもたらす恐れと憂いも、全て彼は知っていた。

会えず、失い、恐れを抱き、憂いに閉ざされるようなシッダッタの想い人、彼の愛したひとの姿が、これらの言葉から立ちのぼってくるようではないか。

同じく、「愛執」の章で、彼は、愛執を「蔓草《つる》のようにはびこる」ものだから、「その根を掘りなさい」「その根を智慧をもって断ち切りなさい」と説いている。

彼が若かりし頃に愛したひとは、その存在を、自分の中から根こそぎ掘り出さねばならなかったひと、どうしても断ち切らなければならなかったひと、であったのだ。すなわち、愛しても、決して結ばれることのない女性。許されざる恋。それは、妻であるはずがなかろう。

したがって、シッダッタがその愛に苦しんだ相手とは、父王の妃マハーパジャーパティーだ、ともう一度言っておく。断ち切る以外には解決の方法がない、成就することの不可能な恋を、シッダッタは抱えていたのである。

ちなみに、前世譚『ジャータカ』には、悪魔の娘たちがブッダを誘惑する説話が見られる。その三人の娘たちは、それぞれ「妄執・不快・貪欲」である。ほかの経典では「愛執・不快・快楽」という名を与えられている。女になぞらえられたこれら執着の根源が、現実にはマハーパジャーパティーの姿となって若いシッダッタの心身を、絶えず苛み続けたのだとしたら……もし、そうならば、彼の出奔の意味も、別の角度から考えることが可能となってくるだろう。

同時に、「愛執を断て!」「絆を断て!」「愛するものをつくるな!」の言葉も、真に迫ってくるではないか。

王子の出奔とマハーパジャーパティーの乱心

では、一方のマハーパジャーパティーは、どうだったか。彼女がシッダッタに寄せる愛の深さは、あくまで乳母・養母のそれとして経典には記されている。だが、彼女を「乳母・養母」とする設定を取り払ったところから見直すと、その言動からは、別の感情がにじみ出すように思われるのだ。

その象徴的シーンは、シッダッタの出奔時である。このとき彼女の見せた度外れた狂乱ぶりを、馬鳴の描く仏伝『ブッダチャリタ』に見てみよう。むろん、文学的に多々粉飾されてはいるものの、それでも、ここに示されるマハーパジャーパティーのシッダッタへの並外れた愛は、妻ヤショーダラーとの対比においても興味深いものがあり、詩人の鋭い洞察が含まれているように思う。

すなわち、マハーパジャーパティーのひたすらな愛情深さに対し、ヤショーダラーは愛の裏返しとしての嫉妬と憤怒に塗り込められるのだ。母と妻との立場の相違でもあろうが、彼の描くこの二人の女性像が、原始仏教経典の底流となっていることもおおいに注目される。

この二人の対比については、次章ヤショーダラーで詳しく検討することとし、ここでは馬鳴の美麗な文章から、マハーパジャーパティーの嘆きを引くことにしたい。

王子が家を出たのは、二十九歳とされる。従者と馬とが、空の鞍とともに都カピラヴァストゥに戻ってきたとき、マハーパジャーパティーは身を大地になげうち、傷だらけに壊れ、狂ったように号泣、悲嘆した。王子が森で衣装を脱ぎ捨て、髪を切った委細を知ると、こう、かきくどく。


王子の髪の毛は、大きくうねって柔らかく、黒くて美しく、一本一本根元から生え、よく生えそろっており、王冠を取り巻くにふさわしい。あの髪の毛が地面に投げ出されたのですか。

王子は、腕が長く、歩きぶりがライオンのようで、目が牡牛のように大きく、黄金がきらめくように輝き、胸が広く、声が雲の太鼓（雷）のようです。こんな男が庵の生活にふさわしいでしょうか。――

王子の足は、指の間にきれいな網が広がり、柔らかで、くるぶしが隠れ、蓮のように美しく、足裏の中ほどに輪の印がついています。そのような足が、どうして固い森の大地を歩くのでしょうか。

王子の力強い体は、宮殿の最上階で眠ったり坐ったりするのに慣れており、高価な衣服や沈香やチャンダナの香料を用いて大事に扱われています。そのような体が、寒い時や暑い時、また雨の続く時に、どうして森にいるのでしょうか。――

あの子は、黄金製の清潔な寝台に寝て、夜中に楽器の音で目が覚めていました。今になって、苦行者として一片の布におおわれた大地にどうして眠ることができましょうか。

この叫びとともに彼女は悶絶して倒れてしまうのである。

ところで、彼女のこの台詞と似たような状況が、インドの古典大叙事詩『マハーバーラタ』に見出されるので、簡単に触れておこう。この長大な叙事詩の中でも、紀元前六世紀頃にはすでに出来上がっていたとされる『ナラ王物語』(ブッダ時代との時差は百年ほど)で描かれる王と王妃の森でのふるまいと逃避行は、なんとなくシッダッタの森行きに似通うからだ。

『ナラ王物語』で、王座を奪われ、森に追われたナラ王と王妃は、飢えと恐怖に襲われるのだが、なんと、王は、妻をここに置き去りにする。彼女が疲れ果て、森のとある掘建て小屋で寝入ったところを見計らい、自分だけそっと小屋を抜け出るのだ。赤子を産んで寝入った妻のもとからひそかに去るシッダッタに似ていなくもない。

目覚めた妃の絶望たるや……宮殿生活から、いきなり森の猛獣どもの餌食への転落、さらに夫はその森の中で自分を捨てた。だが、彼女は夫を怨まず、こう語るのだ。

「わたくしが憂えますのは、決して自分の身ではないのです。ただただ、王様、あなた様が、飢えに苦しみ、渇きに悩み、疲労困憊なさって、わたくしを見失ったまま、立木の根もとで、どう遊ばされるのか。おいたわしい……」

夫を恨むことなく、我が身はどうでも、王の身を案ずる妃の心情は、マハーパジャーパティーそっくりである。妃は森で夫に捨てられたのだから、彼女（妃ではないが）よりよほど過酷な境遇であるが。さらに、この物語は妃の一途な王への愛と冒険をスリリングに伝え、これもまた、王子出奔後のマハーパジャーパティーの言動に、似通うのである。妃は森の狩人に助けられたり、犯されそうになったり、象軍団に押しつぶされ、死にそうな目にあったり、とにかく種々の艱難辛苦《かんなんしんく》を乗り越えつつ夫ナラ王の行方を追い、ついには遭遇、めでたし、となる。

では、マハーパジャーパティーのその後は、いったいどうなるのであろうか。

ブッダとなっての帰郷

家を出て、六年の種々の修行ののち大悟したシッダッタは、ブッダとなる。

悟りの地ブッダガヤーは、今日、仏教最大の聖地である。ネーランジャラー河（尼連禅河）のほど近くに大塔がそびえ、遠目にもそれとわかる。河をはさんで向こう岸がスジャーター村で、苦行を放棄したシッダッタが、村娘スジャーターから乳粥を受けた話で有名だ。村からは、乳粥を食したシッダッタが、悟りの場を求めておもむくプラーグボーディ山（前正覚山）のごつごつした姿が望める。

ブッダガヤーの大門をくぐると、正面に大きく大塔マハーボーディ寺院が立つ。この寺院の裏手に、ブッダがその根もとで悟りを開いたと言われる菩提樹（実際には古来

「神々の住居」とされるアシヴァッタ樹・無花果樹とのこと）が大きな枝を広げている。

このブッダガヤーから、彼はベナレスへ行き、その郊外のサールナートではじめて法を説く。そうして、ブッダとしての名声を広めてゆくのである。

帰郷は大悟した一年後のことであった、とここではしよう。

父王スッドーダナは、ブッダが近くの竹林精舎に滞在していることを聞き、使者をたてて都を訪ねてくるように促す。が、何度人を送っても、みな、ブッダに会ったとたん、出家してしまうので、困り果て、ブッダの幼友達カールダーイン（迦留陀夷）を遣ったところ、ようやく「親族の者たちを包含しよう」と旅支度をはじめるのだった。


竹林精舎は、出奔したシッダッタがまっさきに行ったラージギール（マガダ国の都）の近くにあり、祇園精舎と並ぶ二大僧院である。このとき、彼と対面したマガダ国王ビンビサーラは、のち、悟りを得たブッダに帰依し、この精舎を寄進した。

竹林といっても、日本の竹林とは全く異なり、大きな株から放射状に枝を広げた竹が束になってぼこぼこと群生している。精舎跡には沐浴池がある。ブッダはこの地が大変気に入っており、晩年にいたる遊行の折々、最も長く滞在したと言われる。

ビンビサーラ王はやがて息子アジャータサットゥに殺されるが、このとき王子と結んだとされるのが、またもやデーヴァダッタだ。物事には必ず表裏、光闇があるものだが、仏教史で常に闇を担うのがデーヴァダッタなのである。

異母弟ナンダを強引に出家させる

帰郷したブッダは、まず父王を帰依させ、これを見た王族たちはみな我も我も、と出家する。そうして滞在三日目には、結婚式を終えたばかりの異母弟ナンダを出家させたとされる。

ナンダが式を終えた翌日、ブッダは彼の家におもむき、出家させようと彼に鉢を持たせて出てゆく。ナンダは鉢を「お返しします」と思い切って言えず、しかたなく、ブッダのあとにしたがうのである。このとき、妃となったばかりのジャナパダカリヤーニー(国一番の美人の意)は、「あなた、すぐお戻りくださいね」といって、首をのばして夫を見つめる。ナンダは彼女に後ろ髪を引かれる思いだったが、不本意ながら僧院へと出てゆくのである。

この、不本意ながら、とか、本人は嫌々であったが、というニュアンスは、ナンダの出家に必ず付け加えられる。

しかも、いやいや出家はしたものの、彼は結婚したばかりの美しい妃への未練が断ち切れず、修行にも全く身が入らない。そこでブッダは種々の方便をもって修道をすすめ、神通力で猿と天女（アプサラス）とを見せ、やっとのことで悟りを得た、とはよく知られた伝承である。

ほかにも「美麗な衣をつけ、眼に媚薬をぬり、妻の絵を描いて常にこれをながめていた」などの記述が残り、いかに、ナンダにとって不本意な出家であったかがうかがえる。

出家当初、ブッダに見せられた天女への愛欲に身悶えしたナンダは、その後、種々の修行の結果、ついに女性そのものへの愛染・愛欲の心を身から剝ぎ落とし、悟りを得て「調伏諸根最第一（感覚器官を制御することにもっとも優れた者）」となった。

にしても、なぜ、ブッダは結婚したばかりの異母弟に、出家をいわば強要したのか。嫌がる弟をこうまでして、導かねばならなかったか。

なるほど、馬鳴言うところの「端正なるナンダ」は、ブッダに見違えられるほど兄によく似た美青年で、まことに麗しかったらしく、群がる女たちに囲まれ、悦楽にふける日々を送っていたようだ。

ブッダは、かつての自分の姿を、ナンダの中に見たのだろうか。ブッダ自身の青春が快楽に溺れ、愛執の蔓草に身を縛られたものであったとしても、だからこそ、その根を断ち切らねばならなかったとしても、ナンダにはナンダの生き方があろう。ナンダを妻からもぎとり、連れ去ることに、どんな理由があったのか。

加えて、ブッダはこのあと、ナンダばかりか自分の息子、幼いラーフラまでをも出家させ、故郷を去ってゆく。

これは、父王の血を受け継ぐ者たちを、自国から奪うことだ。なぜ、彼はそのようなことをしたのか？　家系断絶を招くふるまいではないか。

スッドーダナはラーフラ出家の折、その胸中を「息子（ブッダ）のときも苦しみ、ナンダのときも苦しんだ。だが、ラーフラのときの苦しみは、「大きすぎる」とブッダに訴え、父母の許しを得ない子供は出家させない、という承認を彼から得たとされる。

このシャカ族の出家には、続いて、第二陣があり、そのときは、のち、ブッダの侍者となるアーナンダと、その兄弟とされる悪漢デーヴァダッタもこれに加わっている。すなわち、ブッダは若く有能な人々、シャカ族の未来を担う人材を、ことごとく出家させているのである。この最初の帰郷でのブッダの行動は、王家にとっては大打撃であったと言えよう。

彼の帰郷にあたり、親族こぞって帰依はしたものの、ナンダ、ラーフラを連れ去られ、都には、老いたる父王、その妃マハーパジャーパティー、そしてブッダの妃ヤショーダラーがひっそりと取り残されるのである。

ここで、気になるのは、ナンダ出家に際しての、母マハーパジャーパティーの反応だ。自分の腹を痛めて産んだ子ナンダとの別離であるのに、シッダッタ出奔時のような愁嘆場は伝わっていない。

息子二人への対応の差〜無反応とひたむきさ

この帰郷には、もう一つ、見落とせない伝承が残っている。マハーパジャーパティーが、ブッダとなった息子に、新しい着衣を贈る話だ。

立派になった息子を見て驚喜した彼女は、何とかその気持ちを表したいと考え、みずから手織りの衣を彼に捧げることを思いつく。摘ませた綿を、自分の手で砕き、打ち、細い糸で紡ぎ、家の中には会堂を建てさせて、そこに職人たちを呼び、自分の食物を彼らに給仕してまで織らせるのである。自分自身も、ときどき機織りの杼《ひ》をとった。そうして出来上がった衣をブッダに捧げる。「この一揃えの新しい着衣は、特にあなたさまのためにわたくしが自分で紡ぎ、自分で織ったものです。どうぞ受け取ってください」と。するとブッダは、「サンガ（教団）にお布施しなさい。あなたがサンガに布施をすれば、私も供養を受けるし、サンガもまた同様です」と応えるのである。

マハーパジャーパティーの熱い気持ちに、どこか冷や水をあびせるようなブッダの態度は、聖書の「カナの婚礼」でのイエスを思わせる。自分はすでに教団の人間であるから、服などは教団に寄付してくれればそれでよろしい、ということなのだから。

ここに、アーナンダのとりなしが続く経典もある。ブッダの対応を見かね、マハーパジャーパティーの気持ちを思いやって、彼が口を出すのだ。「そんな冷たいことをおっしゃらず、受け取ってあげてください。マハーパジャーパティーさまは養母として大恩あるおかたではありませんか」と、ブッダを説得するのである。

このように、彼女を養母とする発言をアーナンダにさせることにより、経典作者は乳母・養母としてのマハーパジャーパティー像を強化している、とも言えようか。

いずれにせよ、自分の実子ナンダの出家に際してのマハーパジャーパティーの無反応と比べると、自ら手織りの衣を贈る彼女のひたむきさには、ブッダへの想いの強さが示されていよう。

そうして、この一途さは、この先、彼女自身の出家へとつながってゆくのだ。

最初の尼僧

マハーパジャーパティーが最初の尼僧として出家を許されるのは、夫スッドーダナ王が亡くなったあとのことだ。

伝承によれば、王の死の近いことを知らされたブッダは、空を飛んで故郷におもむき、父王を最高の聖者の境地へと導いた。マハーパジャーパティーは、王逝去ののち、ただちに出家を申し出たようだが、ゴータマ・ブッダはこの願いを三度（三度というのは経典の定型である）制止している。

彼女の願いに対し、「よしなさい、マハーパジャーパティーよ、あなたは仏法において、家を出て、出家することを願ってはなりません」と言う。なぜそう願ってはいけないか問われると、「もし女人が出家して道を修めるならば、仏法は久しく続かないだろう」と、応えるのだ。

マハーパジャーパティーは泣く泣く足元を礼拝して去るのだが、そこであきらめる彼女ではなかった。彼女はシャカ族の五百人の女たちとともにバッサと自分で髪を切り、剃髪し、袈裟衣を着てブッダ一行のあとを追うのである。むろん、徒歩での道行きであるから、その白い足はたちまち腫れ上がり、汚泥にまみれ、爪はがれ、血滲ませての凄惨なものとなる。

五百人というのはいかにも大げさだが、ともあれ、剃髪し、粗末な袈裟をまとった女たちの一行がよろよろと道を辿ってゆく姿は、かなり異様であっただろう。ブッダがとどまるヴァイシャーリーまでは、ゆうに十日を超える旅だったはずだ。

ようよう辿り着き、門前で泣きながら佇んでいたところ、通りがかったアーナンダの眼にとまり、仔細を語ることとなる。「新衣の布施」の件同様、ここでもまた、アーナンダが登場するのである。もっとも、「新衣の布施」でのアーナンダのとりなしは、史実として疑問視されるが、こちらの話は事実とされる。

彼のとりなしで、結局は出家の許可が与えられるのだが、アーナンダはその説得に、やはり「新衣」のとき同様、「マハーパジャーパティーさまは、師を乳養し、育ててくれた大恩あるお方ではありませんか」など、いろいろ言葉を尽くしている。

このときのアーナンダの雄弁ぶりはなかなか見事で、どの経典も読み応えがある。そのかいあって、マハーパジャーパティーは出家を許され、ここに尼僧第一号が誕生することとなる。マハーパジャーパティーの喜びは大きかった。

もっとも、このとき、ブッダは八つの条件（八重法、八敬法）をつけたとされる。すなわち、「受戒して百年の比丘尼《びくに》であっても、受戒したばかりの比丘を敬うべきである」

「比丘尼は公に比丘を訓戒してはならない」などなど、つまりは、男女差をはっきりとさせたのだ。ここには、彼の女性への警戒心が端的に示されていると言えよう。

さらに、許可したのちも、アーナンダに「これで仏法は五百年しか持たないだろう」と嘆いてみせ、アーナンダを涙にくれさせた。その理由として、「女性が多く男子の少ない家は盗人や強盗に荒らされやすいように、女性が出家したなら、その法と律での清浄行が永く続くことはないだろう」とか、「稲田や甘蔗《かんしょ》の田に疫病が起こるとその田が永く続かないように、女性の加わっている教団は永く続かない」などと言い、さらに八つの条件については、「ひとが大きな湖水に堤防を築いて水の氾濫を防ぐように、私は尼僧のためにあらかじめ八種の重法を設けて終生犯すべからずとしたのである」と言っている。

いかに、尼僧を認めたくなかったか、気乗りのしない様子がまざまざだ。とりもったアーナンダにしてみても、マハーパジャーパティーは救われたものの、それで仏法が早くすたれてしまう、などと師に言われ、すいぶん辛かっただろう。

実際、この尼僧の出現に関し、彼はのちのちまでも教団にあれこれ批判されることとなるのである。

ブッダの拒絶の意味

ところで、『源氏物語』での光源氏は、義母藤壺の面影を宿す最愛の妃（と言っても正妻ではない）紫の上（若紫）の出家を、終生認めなかった。父の妃である藤壺の出家を阻止できなかった彼にしてみると、自分の妻である紫の上は、どうでも、自分のもとにつなぎ止めておきたかったのだろう。

四十代後半になって、親子以上に年の違う少女、女三宮（十三歳ほど）を正妃に迎えた夫の浮かれようを、源氏との間に実子もない紫の上は、ただ胸苦しく見守るばかり。何度も出家を願い出るのだが、許されず、病のうちに寂しく息をひきとっている。源氏五十一歳のことであった。

長く連れ添った、いわば糟糠《そうこう》の妻を顧みず、幼な妻にうつつを抜かしながらも、紫の上が仏門に入り、自分から去ってしまうことは許さない。いかにも身勝手な男の愛執だ。

マハーパジャーパティーの出家を三度拒んだブッダもまた、この頃五十代。源氏は紫の上への執着を、相手が死ぬまで燃やしたが、では、ブッダの拒絶とは何だったのか。

女の持つ魔力を、ブッダは知っている。だからこそ、彼女らの存在が、男僧たちに与えるものの大きさ、恐ろしさを懸念した。

だが、ほんとうに彼が怖れたのは、彼にとっての唯一の女性、常にその名を呼び続けたマハーパジャーパティーそのひとだったのではなかろうか。女とは、単に性愛の対象であるばかりでなく、自分の心身をも根こそぎ奪うものであること。

悟ったとはいえ、男五十代の初めである。過ぎ去った青春の懊悩が、ちらと我が身を翳《かす》める一瞬を、自身の中に見ないでもない……。アーナンダに口説き落とされたあと、まだ続ける苦言には、そんな色合いが読みとれる気がする。

成就した「女の一念」

ブッダと母マーヤーの天での再会はおとぎ話だが、現実の女性としてのマハーパジャーパティーを、彼は自分の傍らに迎えている。アーナンダに愚痴りつつも、新しい尼僧教団まで作って、だ。もちろん、傍らといっても、場としては離れてはいたろうが、心のそば、という意味で、側近くにあることを、彼女には許したのだ。その意味で、この二人は、同じ精神世界に生きることとなったのである。

マハーパジャーパティーはヴァイシャーリーへの道を、血泥にまみれてブッダを追ったが、それは彼女にとって、最上の旅となったと言えまいか。

慕わしい彼のもとに行きたい。抱き続けてきたその願いを、彼女はついにかなえたのである。まさに女の一念ではないか。先述のナラ王妃が、冒険の数々ののち、王と相見え、めでたし、となるように、ある意味、ブッダとマハーパジャーパティーは、ともに現世で抱擁し合うことができた、とも言える。

『テーリーガーター』（尼僧たちの言葉を集めた「尼僧の告白」の書）は、マハーパジャーパティーの回想の詩句をこう伝える。

あらゆる生きとし生ける者どもの最上者よ。雄々しき人よ。ブッダよ。わたくしと他の多くの人々を、苦しみから解き放つあなたに、敬礼します。

わたくしは、あらゆる苦しみをあまねく知って断ち、その苦しみの原因である妄執を涸らしつくして、八つの実践法によりなる尊い道(八正道)を修め、妄執の止滅を体得しました。

前世において、わたくしは、母子や父兄や祖母として生まれました。わたくしは事物の真相をありのままに知ることなく、さとりの境地を見出さないで、輪廻しました。

けれどもわたくしは、かの尊き師にお目にかかりました。これはわたくしの最後の身であります。わたくしは、生まれをくり返す輪廻を滅ぼしつくしました。いまは、もはやふたたび迷いの生存をつづけることはありません。

奮いたって努力し、専念して、つねにしっかりと精励し、和合しているブッダの弟子たちを見よ。このありさまこそ、もろもろのブッダを敬礼していることなのです。

じつに、多くの人々のために、マーヤー夫人は、ゴータマ・ブッダを生んだ。マーヤー夫人は病と死とにとりつかれた人々のために、いくたの苦しみを取り除いたのです。

最後の詩句で、彼女が姉マーヤーのことに触れているのは、興味深い。姉とブッダと自分とを結ぶ固い絆、一つにつながる女の愛執の糸を、彼女は一生を通し、心中深く縒《よ》り綯《な》い続けていたと思える。

マハーパジャーパティーは尼僧のうちの「第一廣識多智」あるいは「経験第一」と呼ばれる。出家して経験を積んだ女性の最上の人、という意味とされるが、むしろ、「あらゆる苦しみをあまねく知って断ち」という、彼女の言葉、そのままの呼称ではなかろうか。

その「あらゆる苦しみ」がどんなものであったか。それをシッダッタとの間に交わされたかも知れない「快」の一夜が生んだもの、とするのは、あまりに大胆すぎようか。だが、ありえないこと、と断言もできないはずである。ブッダの語る「愛するものに触れる快感」とは、単なる性愛ではなく、心身合一の愛の境地であることは『カーマ・スートラ』も教えるところだ。シッダッタは、この『カーマ・スートラ』にも通暁していた、と馬鳴は仏伝で述べてもいる。

マハーパジャーパティーの苦しみは、また、シッダッタの苦しみであり、まさに渇愛というほかないものであっただろう。だがそれも、シッダッタがブッダとなり、マハーパジャーパティーもまた尼僧となったことで、二人はいわば永遠の絆を結ぶのである。

永遠の女性マハーパジャーパティー

マハーパジャーパティーの出家は、やがてあらゆる階層の婦人を擁する尼僧集団を成立させることとなる。マガダ国王ビンビサーラの妃も出家してケーマー尼となり、富豪の娘も、下層婦人も、遊女・娼婦も、と、実にさまざまな階層のさまざまな女人が剃髪し尼僧となった。

『テーリーガーター』に見られる七十三人の女性出家者（長老比丘尼）は、王族、豪商、バラモン出身などのほか、遊女も数人おり、さまざまな階層の女性を含む。こうした女性たちに、ブッダは、たとえば「いらっしゃい、バッダーよ」といったように呼びかけ、その呼びかけそのものを受戒とした。つまり、「おいで」と言われ、あとにしたがえばそれで良いのである。

マハーパジャーパティーの出家に際し、八つの条件を云々したブッダではあったが、その後の出家希望者には、まことにシンプルに対応しているのだ。このあたりも、ブッダにとって、マハーパジャーパティーの受け入れがどれほどの大英断で、苦吟したものだったかがうかがえよう。

尼僧となったマハーパジャーパティーはよく八重法を守り、実践につとめ、当時の尼僧教団を率いる第一人者となり、多くの女性に慕われたという。

ブッダの入滅の近いことを知り、その悲しみを避けたいと、彼より早く亡くなったとされる。どこまでもブッダを慕う女性であったのだ。

女としての彼女の一生は、想いを遂げた幸福な人生だった、と言えるだろう。シッダッタにとっては愛執・渇愛の根源であり、同時に、唯一無二の永遠の女性ではなかったか。ブッダとなってなお、やはり彼女は愛欲・愛執を超えた永遠の女性として、彼に寄り添い続けたのである。

第三章　ヤショーダラー……捨てられた妻

ブッダはなぜ、出家したか〜出家か家出か

ここまで、筆者は「出家」と言われるシッダッタの出城を、「出奔」と書いてきた。筆者はシッダッタの出家を、出家とは考えていない。むしろ「家出」に近い、というのが今のところの筆者の理解だ。出家は何かを求めるものであり、家出は何かから逃れるもの、というのが筆者の認識で、そこには、大きな相違がある。

経典は、すでにブッダとなった人物のことを書き残すものであるから、王子の位も家族も捨て、城を出る行為を、当然、出家とみなす。出家の理由も、詳細に述べている。シッダッタが城の四つの門から出て世間を観察する有名な「四門出遊」のエピソードがそれだ。

すなわち、十四歳の折、東の城門から出たところ、神々が化作した老人に会い、南門では病人に、西門では死者に会い、老病死の苦について考えた。北門で出家者を見て、善い思いが生じたので、その後の宮殿での生活にも心楽しまず、ついに出家した、と。

つまり、思春期に人間の老・病・死を目撃してショックを受け、人生についての愁い

にとらわれ、世をはかなみ、それが出家の動機となったとするもので、これが今日の「出家動機」の一般的・伝統的解釈となっている。

本書の別項「経典の話」で述べたとおり、原始仏教の経典には南伝と北伝がある。この「四門出遊」伝承の原型は南伝にあるものの、北伝のようには定型化されなかった。つまり、この伝承は北伝でのみ出家動機として、のちにパターン化されたにすぎない。

では、ブッダ本人はどう語っているか。出家動機に関する具体的な言葉は残っていないが、彼の晩年の回顧として、「私は二十九歳で何が善であるのかを求めて出家した。それからはや五十年あまりが過ぎた」という言葉が、経典には伝わる。すなわち、彼の出家の動機は「何が善であるかを求める」ことだった、と。いかにも抽象的である。

にしても、「善」を求めるのに、息子誕生の夜、その名を邪魔者と命名し、妻子を置いて出てゆく、というのは、不可解な話ではないか。「四門出遊」で語られる動機にしても、人間の抱える「生老病死」の「苦」の解決に乗り出すのに、何もわざわざ息子誕生の夜を選ぶ必要はなかろう。

時、至れり、と起こす行動の具体的な契機は、やはり息子の誕生そのものにある、と考えるのが自然であろう。

一方、『スッタ・ニパータ』第三章「大いなる章」の「出家」の節で、彼は自身の出家について、こう語っている。

この在家の生活は狭苦しく、煩わしくて、塵のつもる場所である。ところが出家は、ひろびろとした野外であり、(煩いがない)。

王子にとって、宮殿生活は、息苦しかったのだ。森に逃れて、彼はせいせいしたのである。大変正直な感想だし、これは出家というより、家出に近かろう。

さらに、

諸々の欲望には患（うれ）いのあることを見て、また出離こそ安穏であると見て、つとめはげむために進みましょう。わたくしの心はこれを楽しんでいるのです。

欲望の虜となっている自分を、彼は自覚していたのである。それが「苦」のもとであることも。彼は宮殿から出て行きたかったから、出て行き、それによって安らぎを得られる、と感じていたのである。もちろん、出て行ったとたんに安らいだわけではなく、自分の中の欲望を徹底的に見尽くし、それを滅ぼす方法を知るまで、彼は喜びをもって修行につとめ、励んだのである。

このように、『スッタ・ニパータ』からは、ブッダの王子時代の煩悶と、出城による開放感、修行の喜びが見てとれる。

出奔に踏み切った動機の一つを、私は前章でマハーパジャーパティーとのかかわりに見たが、これらの言葉もまた、それを裏付けるものと思える。

だが、この煩悶は彼がずっと抱え続けたものである。もはやこれまで、と踏み切るにはほかにのっぴきならない事情があったに違いない。

であれば、善を求めて、とか、苦からの解放を求めての出家という、いわば抽象的な願望の遂行というより、当時の彼を囲んでいた諸事情からの脱出であり、現実逃避に近いのではないか。

筆者は、一般に出家とされる彼の森行きを、家出のニュアンスをともなう「出奔」と考え、本書の文脈ではそう記し、経典での記述をそのまま伝える部分のみ「出家」を使用することとする。

もう一つ、ブッダの回顧にある、家を出るにあたっての様子を語った言葉を紹介しよう。彼は自分の取る行動に対し、家族が抱く感情も承知していた。すなわち、「わたしは年若く漆黒の髪をもち、美しさ、若さを有し、第一期であるにもかかわらず、父母が欲しないのに、涙を流し、泣いているのに、髪と鬚を剃り、袈裟衣をまとって、家から非家に出家した」と。

ここで、注目したいのは、まだ若い第一期であったのに、というニュアンスだ。インドには人生を四住期に分ける思想があり、自分の出家はこれの第一期にあたる、と彼は言っている。四住期とは、およそこんなものだ。

一　学生《がくしょう》期　師のもとでいろいろ学ぶ少・青年期
二　家住期　結婚し、子孫を育て増やし、家長として家庭を円満に運営する成年期
三　林棲期　家の安泰を確かめ、孫の顔を見てのち、妻同行（しなくとも可）で家を出て森に暮らす中高年期
四　遊行期　森の定住から、さらにあちこちを旅して歩く老年期

当時、出家が推奨される社会状況であったのは確かだが、シッダッタの出奔は第二期の中頃。つまり家庭円満を心がける家長としての責任期にある。したがって、彼の言葉の裏には、早すぎる、もしくは、一般の通念からすれば、適切な時期ではなかったけれども、という自覚がうかがえよう。そのように、不適切な時期にもかかわらず、彼は城を出た。よほどの事情、とやはり読める一節である。

ここで泣いている父母とは、スッドーダナとマハーパジャーパティーであろう。涙にくれる父と継母の姿はあっても、ここに妻子は居ない。彼にとって、最も身近であるはずの妻子の姿はないのである。

妃の家系〜極悪人デーヴァダッタとのかかわり

シッダッタの王子時代、彼はマハーパジャーパティーとおそらく相愛であった、というのが前章での話である。それが彼の出奔の一つの動機たりえただろう、と推定した。だが、決定的契機は、ラーフラ誕生であろう。その背景に、何があるのか。

まず、経典でのラーフラの母、つまり妃の描かれ方を見てゆきたい。

彼女についての経典の記述は、南伝、北伝で大きく異なる。その名、血筋もしくは家柄、ブッダとの縁戚関係の相違のほか、ラーフラ誕生の時期、誕生にまつわる伝承、命名の由来に至っては、驚くほど異なる。共通するのは、乳母・養母であり大恩あるマハーパジャーパティーの素晴らしさとは対照的に、悪妻のイメージが強い、ということだ。また、マーヤーやマハーパジャーパティーが単一名であるのに対し、名も複数あり、単に「ラーフラの母」と述べられることが多い。

いずれにせよ、南北伝承の相違には、それなりの筋立てがある。際立って異なるのは、ラーフラ誕生をめぐってだが、そこにつながる前段として、妃の出自や結婚時のエピソードも準備されていると言ってよかろう。したがって、ここでは、ラーフラ誕生に至るまでの南北伝承での妃像を、それぞれ追ってみたい。

まず、南伝伝承での妃の出自の大枠をまとめてみよう。

妃は、シッダッタの母マーヤーの兄弟スッパブッダと父王スッドーダナの姉妹アミターとの間に生まれた女性とされる。シッダッタとはいわゆる交叉従妹婚となる。

名はバッダカッチャーナーで、教団をのっとり、ブッダを暗殺しようと謀った極悪人デーヴァダッタの姉とされる。妃は悪漢の姉だった、という設定は、それだけですでに、妃が好ましくない家系の人間であることを匂わせる。悪妻像への一つの布石と言えようか。

シッダッタの結婚は十六歳と言われる。当時の結婚は、親の問題であって、子である当事者が関与することがらではない。息子の行く末（出家）に不安を抱くスッドーダナ王が、なんとか自分のもとにとどまらせようと、思案の結果の妃選びであるから、当人それぞれの意志などかかわりなく、淡々とした結婚であったと思われる。

妃は賢く、奥ゆかしく、しとやかであり、美しく艶かしい女性であった。前章ですでに当時の王子の暮らしぶりは紹介したが、父王が彼のために建てた三つの宮殿で、四万人の舞姫や女たちだけの音楽に囲まれ、大いに幸福であり、「ラーフラの母は彼の第一王妃であった」。

第一王妃であった、とは、彼には第二、第三夫人と複数、妻妃がいたということだ。このとき、第一王妃が何歳であったかは定かでない。シッダッタと同い年、とする経典もあり、シッダッタ誕生の折に「七つのともに生まれたもの」として、「ラーフラの母」を挙げている。出家する際の従者、王子を乗せた馬の王カンタカなども、この七つに入っている。だが、そうだとすると、ラーフラ誕生は彼女が二十九歳の時。高齢出産である。やはり、三歳ほど年下の妃と考えるのが妥当だろうが、それでも、結婚から長らく子のできない夫婦であったか、死産や生まれてすぐの死亡が続いたか、であろう。

マハーパジャーパティーがスッドーダナとの間に産んだのも、ナンダ王子一人だから、ゴータマ家は男系の弱い家系であったのかも知れない。

前章で、シッダッタの結婚とナンダの誕生の時期が近接しているとしたが、それをシッダッタとマハーパジャーパティーの絆の一つの区切り、と筆者は見る。許されぬ愛を、現実には諦める潮時を二人が迎えたということだ。あるいは、それを周囲が強要した。

だが、そうであっても、シッダッタは迎えた妃との間に、あるいは複数の妻妃との間に長らく子をなさなかった。そうして、ようやく第一王妃に健やかな息子が生まれたとたん、王子は城を出てゆくのである。

一方、北伝伝承の妃の名はヤショーダラーで、一般に知られる名はこちらである。よって、本書では妃をヤショーダラーとする。その意味が「名声を持つ」であるのは、彼女の辿る人生を考えると、いささか皮肉だ。南伝同様、王子の第一王妃とされるが、第二、第三夫人の名とそれぞれの父の名を記す経典もある。

このように南北伝を見比べると、シッダッタにはやはり複数、妃がいたと思われる。

ヤショーダラーはシャカ族の大臣の娘とされる。後代の経典には、王子がもろもろの童女たちに美しい宝石などを与えていたところ、親に言い含められ、着飾ったヤショーダラーがやって来た、が、手元に何も残っていなかったので、最後に残った金の指輪を彼女に与え、妃となった、などとある。

ヤショーダラーは、ブッダやデーヴァダッタとの血縁関係はない。が、デーヴァダッタと無縁であったかというと、そうではないのだ。北伝では、デーヴァダッタとヤショーダラーは姉弟でなく、男女のかかわりの中で、なぜかセットで登場するのである。

たとえば、結婚の際、妃の父親が婿選びに、武術に秀でた若者を望んだので、シッダッタとデーヴァダッタが競い、シッダッタが勝利し、妃を勝ち取ったという伝承。ここでは、シッダッタ側ではなく、妻の父親のほうが結婚の決定権を握っている。

息子、娘の結婚は、父親が決めるのだが、娘の婿選び、というパターンは、前章で触れた『ナラ王物語』の妃の場合にもあり、両方の形があった。

妃を争うシッダッタとデーヴァダッタ、とは興味深い設定である。負けたデーヴァダッタに、恨みが残ったであろうことを示唆すると言えよう。

さらに北伝は、シッダッタの六年の修行中に、デーヴァダッタが妃を誘惑しようとした、などという説話も伝える。

南伝、北伝のいずれにしても、妃とデーヴァダッタとのかかわりを取り沙汰するエピソードが示されることは注目してよかろう。

南伝では姉弟、北伝では男女……ここからは、マハーパジャーパティーへの言及には全く見られない、経典作者たちの妃への冷淡さ、もっと言えば、うさんくささが立ちのぼってくる。

つまり、彼らは、最初からヤショーダラーにはほとんど共感を寄せないどころか、悪漢デーヴァダッタとの縁を強調するのである。それは、いったいなぜか。

南伝の伝える息子ラーフラ誕生

南北両伝とも、デーヴァダッタがらみでヤショーダラーの好ましからぬ妃像を示唆、その筆致は一貫して共通するものの、ラーフラ誕生にまつわる伝承は、全く異なる。

本書プロローグで、誕生に際しての疑念として、その名の由来と、非嫡子疑惑伝承の存在を挙げた。この二つは、それぞれの伝承で連動して語られており、ラーフラ誕生の時期もまた、それにともない、大きく異なるのである。

ここでは、一般に知られる南伝のあらすじを、まず紹介する。

南伝では、先述のように、息子誕生の前段に、出家の理由とされる「四門出遊」のエピソードの原型が記されている。続いて、息子誕生となり、名がつけられる。すなわち、妃が男子を産んだことを聞き、大いに喜んだスッドーダナ王が、その喜びを息子に伝えるよう、使いを出すと、それを聞いたシッダッタは、「ラーフラが生まれた。束縛が生じた」と言うのである。

このシッダッタの言葉が、「束縛たるラーフラ」の由来である。彼は、息子誕生を「束縛」と感じ、それがそのまま「名」になったとする。

この束縛・障碍の意味は、出家するにあたって邪魔になる、息子への愛執が自分に生じてしまい、それが束縛になる、というのが一般的、伝統的な解釈である。

だが、息子の誕生は、家系安泰を保証し、その成長ののちには心安らかに出家できる、むしろ出家の条件が整った、あとはしかるべき時期を待てばよい、と考えるのが普通だろう。先述の第三期がそれにあたる。が、彼はそれを待てなかった。

息子にラーフラと名づけたシッダッタは、次いで、出家を決心する。その経緯に、南伝系では二つのエピソードがからまる。

一つは、「安らぎについての考察」である。ラーフラ誕生を知ったあと、シッダッタが宮殿内を歩く見事な男振りを見て、とある王族の娘が「こんな夫を持つ妻は、なんて心の安らかなことかしら！」と賛嘆するのを耳にし、「安らぎとは何だろう？」と考え込むのだ。

その結論はと言えば、「貪欲・憎悪・迷妄の火が消えたとき、安らぎが生じ、奢《おご》りや邪見などのあらゆる煩悩と不安が消えたとき、安らぎが訪れる。……私は涅槃を求めて行こうとしている。今こそ私は家庭生活を捨て、世俗を離れて出家し、涅槃を求めなければならない……」となる。

だが、なぜ、今こそ、なのだろう？　それにこの言葉は、家庭生活に安らぎはない、と言っているようなものではないか。

もう一つのエピソードは、「宮殿の女たちのだらしない睡態」である。

シッダッタのために楽器を奏で、歌い踊っていた美女たちは、彼が興味を示さず、眠ってしまうのを見て馬鹿らしくなり、楽器を放り出し、自分たちもぐうぐう眠りこけるのだ。目覚めたシッダッタは、その放埒《ほうらつ》な様子を見て、はなはだしい嫌悪に襲われる。

このシーンの経典の記述はいかにも生々しい。ある者はよだれで体をぬらし、ある者は歯ぎしりをし、ある者はいびきをかき、ある者は寝言を言い、ある者は口を開け、ある者は着物をはだけ、陰部を露《あらわ》にしていた。王子は女たちのその姿を見て、ますます欲情をなくす。彼には、飾り整えられた宮殿も、突き刺されたいろいろな死骸が一面に転がっている新しい墓場のように見え、三界（三つの生存の世界）がまるで燃えさかる家のように思われた、と経典は述べる。

出家の最後の決断は、女たちのあさましい姿、ということであろうか。

この描写ののち、王子は「今こそ、わたしは世俗からの大いなる離脱をしなければならぬ」と決心し、門口に行き、従者チャンナに馬の用意を言いつける。それから、「息子を一目見てこよう」と思い、妃のもとへ行くのだが、彼女が息子の頭に手をあてたまま眠っているのを見て「もし、わたしが妃の手をよけて息子を抱けば、妃は目を覚ますだろう。そうすれば、わたしが出立する邪魔だてとなる。仏（ブッダ）となってから、戻ってきて会うことにしよう」と考え、そのまま妻子を置いて、森へ出てゆくのである。

時期については、誕生直後と七日後の説がある。

ここで、出立に際し「妻が邪魔だてする」との記述と、先述の「父母を悲しませせ」てすまない、というブッダの回顧の言葉に示される感情との対比は、気になるところだ。

南伝伝承をおおざっぱにまとめるなら、こうだ。

シッダッタは、思春期に苦からの解放という人生の大テーマを抱え、世俗生活がほとほと嫌になり、息子誕生で王家存続の責任も果たした今、息子への愛執が生まれるのを怖れ、誕生直後の出家断行となった。「邪魔者」の名は、つい彼が漏らした「出家の足かせ」の気持ちがそのまま名となった。

これが、一般に知られるシッダッタ出家のいきさつで、南伝をそのまま踏襲したものである。

悪魔の子誕生と非嫡子疑惑～北伝のストーリー

一方、北伝は、まず、ラーフラ誕生をシッダッタ成道時、つまり、出奔から六年後とし、生まれた子を「シッダッタの実子ではないのでは？」という嫌疑をかけるなど、奇々怪々なストーリーに仕立てている。したがって、北伝伝承は、一般にはほとんど知られていない。

この母子のことを詳述する経典を見ると、こんなふうだ。

シッダッタ出家のときに、ヤショーダラーは身ごもった。彼の六年間の苦行の間、彼女も宮中で同じような苦行を続けたので、胎内の子は育たぬままじっとしているようだった。が、シッダッタが苦行を投げ捨て、食べ、体に油を塗り、浴《ゆあ》みすることにしたと聞いた彼女は、自分もそうした。すると胎児はどんどん成長をはじめ、おなかも大きくなった。

それを見たシャカ族の人々は、「菩薩（シッダッタ）が出家して苦行をしていらっしゃるというのに、あなたが宮中にいて孕《はら》むなんて」と彼女を誇《なじ》るのだった。そうして、子が生まれても、「これは菩薩の子ではない」と言う。経典によっては、父王スッドーダナが「シッダッタの子ではない」と言ったと記述するものもある。

これを聞いたヤショーダラーは悲嘆にくれ、子を石の上に置き、菩薩が浴する池の中に投げ捨て、「もし、この子が菩薩の実子なら、水に入っても浮かぶだろうし、そうでないなら、沈むだろう」と言う。石は子供とともに水に浮いたので、人々は大変驚いた。

と、このように、話は実に荒唐無稽である。出家の際に身ごもってから六年間、胎児はヤショーダラーの胎内におり、夫が大悟したときに生まれ出た、というのだから。

だが問題は、なぜ、そんな説がどこからともなく湧き出て、しかもそれが連綿と時代を超えて伝えられるか、である。

この伝承は、「ラーフラはシッダッタの子ではないという嫌疑」をはっきり語っているのだ。嫌疑はさらに続き、この話のあとにも、ヤショーダラーが、我が子がブッダの実子であると証明する薬丸のエピソードが記されている。

もう一つ、これも後代の粉飾にすぎないだろうが、「指差し伝承」とでもいう説話がある。

この伝承では、シッダッタは結婚後、妃に一切触れることなく、身ごもらせるのである。

結婚してもシッダッタ王子がいっこうに自分に触れてくれないことをいぶかる妃に、彼がいろいろ理屈をつける。華をめでるのに、自分と妃の間に置けばよい、と王子は言う。それなら、と、妃が華のそばに近寄ると「近寄ってはならない。この華には汁があって、床を汚すから」と退ける。しばらくして、今度は「白い綺麗な織物を間において、一緒に楽しもう。それでいいだろう？」と王子が言う。そこで妃は白い織物で身を包み、近づこうとする。と、太子は言うのだ。「近寄ってはいけない。君には汚れがあるから、きっと織物を汚す」。

「汚れている」とまで言われ、妃は近づくのをあきらめるわけだが、これはいったいどういうことか。さらに話は続く。この様子を見た侍女たちは、みな、王子の不能を疑った。すると王子は手で妃の腹を指差し、「退けてから六年後に男子を生む」と言った。こうしてついに、妃は身ごもった、と。

経典とは思えないほどの驚愕的叙述である。不浄な妻を近づけず、けれども子だけは

「指差し」で孕ませて、六年後に生ませる、とは、経典作者のヤショーダラーへのいわく言い難い何かを感じさせる。いや、はっきり「彼女は不浄だ」と言っているに等しいエピソードである。身ごもる前から、なぜ彼女は不浄とされるのか？

このように、北伝はラーフラの誕生をシッダッタの成道から六年後とする。もっとも、説話の全ては先述のように、ヤショーダラーがぬれぎぬを晴らすところに落ち着かせている。

この伝承について、実は六年間の修行中もときおり、帰郷して妻とかかわったのだろう、とする解説もあるが、これはいささかシッダッタに失礼であろう。

要するに、北伝伝承の要は、ヤショーダラーがシッダッタ以外の誰かの子を産んだ可能性だ。ならば彼女は不浄の妃であり、「指差し伝承」が残って不思議はない。経典作者たちは、この非嫡子疑惑を、どうしてもほのめかし、歴史に残したかったのではあるまいか。六年後という時期が問題なのではなく、その軸足は「実子でないのでは？」という疑念にある。話の決着は、むろん実子にするにしても、だ。

デーヴァダッタがシッダッタの修行六年の不在の間にヤショーダラーを誘惑しようとした、というエピソードも、ここから派生してきている。

したがって、この非嫡子疑惑を無理やり追いかけるなら、ラーフラは実は、ヤショーダラーとデーヴァダッタとの不義の子ではないか、というところにさえ行き着きかねない。そんなスキャンダラスな話を想像させるような余地を、なぜ、北伝伝承はわざわざ残したのであろうか。


命名に関し、北伝では「ラーフラ」の言義を、悪魔「ラーフ」からきたとする。インドの古典叙事詩『マハーバーラタ』での悪魔ラーフは、太陽神と月神に怨みを持ち、その復讐のために両者を呑み込むことから、月蝕・日蝕が起きるのだ、と物語られる。『スッタ・ニパータ』の「大いなる章」には、この悪魔ラーフへの言及がある。まことのバラモンとは「月がラーフの捕われから脱したように、捕われることのない人々」のことだ、という詩句だ。

悪魔ラーフをラーフラの由来とする記述は北伝伝承のみで、南伝にはない。ラーフラとは、南伝の「束縛・障碍」の意味ではなく、「日蝕と月蝕を起こすラーフという悪魔性を有した者」である、というのが北伝伝承で、シャカ族が太陽神の末裔であることから、その家系を断ち切る「悪魔のような子」である、という説さえある。

実際、ブッダ帰郷の際のナンダ、ラーフラの無理やりの出家により、彼の直系は断絶するのだが、それはブッダ自身の選択である。家系、すなわち「絆を断て！」の遂行者はブッダであって、ラーフラとはかかわりのないことだ。その後、シャカ族自体が滅ぼされることから、それを見越してのこと、という話もある。いずれにしても、解せない話だ。

ちなみに、北伝は、ブッダの従弟であり、侍者となるアーナンダも、ラーフラと同時期に誕生したとし、人々が大喜びしたので「歓喜」の意の「アーナンダ」と名づけられたとする。息子に「悪魔」、侍者に「歓喜」とは、ますますもって、首をかしげたくなるではないか。

こう考えてくると、息子につけられた「ラーフラ」という名自体、女性たち同様、後付けの可能性もあることは、一応、指摘しておく。だが、なぜ、後世の経典作者たちがそのような名を、という疑問は残るところだ。

なお、余談ながら、ラーフラは漢訳で羅睺羅《らごら》と音写し、略して「らご」とも言う。日本ではかつて僧侶の子のことを、隠語で「らごら」「らご」と呼ぶ習わしがあったそうだ。僧侶の妻帯が世間的に認められるようになったのは、明治六年の太政官布告にもとづくものとのことで、本来、出家の僧侶の子は、あるべからざるもの、私生児とみなす感覚がそれまではあったのである。こうした日本の僧侶たちの「らごら」観には、北伝伝承が微妙に影響しているのではないか、と思わせる話である。

以上、あまり知られていない北伝伝承の大枠は、こうだ。

シッダッタの出家願望は南伝に準ずる。ヤショーダラーが身ごもるのは出家前。息子誕生は六年後のシッダッタ成道時で、ヤショーダラーはシッダッタの実子かどうかわからない、悪魔のような子を産んだ汚れた妃というイメージだ。

南伝では、シッダッタの妃はデーヴァダッタの姉だが、北伝では大臣の娘となっているのも、のちのこうした展開に照らし合わせれば当然のことで、物語としての整合性はそれなりについていると言えよう。

なぜ北伝は奇怪な伝承を残したか

さて、南伝、北伝のいったいどちらが真実か。そんなことはわからない。南伝伝承のみが世に流布したのは当然だが、北伝伝承が長い歴史を経てなお、消えなかったのも事実だ。六年後誕生説が、ありえない設定であろうと、非嫡子疑惑がひょっとすると事実であった可能性も、こんな奇怪な伝承を残した以上、なくはないのだ。

非嫡子疑惑のぬれぎぬの火の粉は、ブッダそのひとにまで降りかかりかねない不名誉とも言える内容である。そんな危うい捏造《ねつぞう》を、経典作者たちがわざわざするだろうか。本来、不要な話である。

やはり、非嫡子疑惑の火種は、どこかにあったのだと思えてならない。はっきり言えば、彼女は、シッダッタ以外の男との間に不義の子を産んだ可能性のある妃なのだ。妻の不倫と不義の子の誕生。ここに、息子誕生とシッダッタの出奔との隠された因果関係を読み取ることは、可能であろう。

以下は筆者の推論である。

シッダッタ夫妻は、相愛の夫婦ではなく、不仲であった。そのもとは、シッダッタの恋で、ヤショーダラーは、夫の恋の相手がマハーパジャーパティーであることを、いつからか、知っていた。知ったときから、彼女の心身はねじれにねじれる。おそらく自暴自棄、疑心暗鬼に狂っただろう。マハーパジャーパティーとシッダッタには、愛の一夜があったのではないか。もしやナンダは、この二人の間の子ではないか。など、ヤショーダラーはそれこそ、邪推の鬼になったに違いない。ナンダ誕生は、シッダッタの結婚と前後する時期と思われるのだから。

嫉妬と猜疑は人をも殺しかねない。そんな話は古今東西どこにでも転がっている。シェークスピアの『オセロ』のように。オセロは嫉妬と猜疑の虜となり、邪推と不信をもとに、最愛の妻を殺している。同じような絶望と嫉妬に狂った女が、他の男を部屋に導き入れたとして不思議はなかろう。そこで、誰かの子を身ごもってしまったとしても。女の復讐（ヤショーダラーの、シッダッタへの復讐）、ここに極まる、ではあるまいか……。

シッダッタを取り巻く女たちの後宮（大奥）が、どんなであったかは、『カーマ・スートラ』を見れば察しはつく。「後宮に住む妃妾の行状」などという章には、男子禁制の檻の中、男は王一人ゆえの満たされなさを埋める女たちの赤裸々な生態が描かれている。乳母の娘や女奴隷を男装させたり、女装した道楽者を忍び込ませたり、その手順までもが詳細に記される。

もちろん、夫は我が王ただ一人、と堅く操を守る妃もいたろうが、若い男を引き込む妃もいたし、その相手になるバラモンもいたのである。さらに、お妃連合とでもいったものを組み、互いの息子（王子）や、侍女・奴隷の息子と関係し合い、慰め合っていたというのだから、後宮とは凄まじいところだ。

つまり、シッダッタの宮殿生活も似たようなものであったなら、シッダッタと父王の妃との関係もありえたろうし、ヤショーダラーの不倫もありえたのだ。

シッダッタの胸の奥には、父王の妃マハーパジャーパティーが棲み着いている。その夫の胸の内を知ってしまった妻……まさに愛執の蔓草にがんじがらめ、父王とその妃、シッダッタとヤショーダラーの四つどもえ、あがいてもあがいても、どうにもならぬ愛執地獄だ。先述のブッダの述懐どおり、安らぎなど、微塵もない家庭生活で、全てをバッサと断ち切って、出て行きたくなるのも無理はない。

事実がどうあれ、もし四者の間に愛執をめぐってのそれぞれの疑心暗鬼という毒が回っていたとしたら、「憎悪・迷妄・邪見・煩悩を消せば、安らぎを得られる」というシッダッタの言葉も、痛切に響いてくるのではなかろうか。

『スッタ・ニパータ』の「蛇の章」で、ブッダは貪り・愛欲・憎悪・迷妄から離れるよう、さまざまな句で説いているが、これは彼が実感し、自身の中に内包していた感情であり、状況だったからこその言葉であろう。

北伝の非嫡子疑惑やデーヴァダッタの誘惑話も、火のないところに煙は立たぬ式で考えるなら、シッダッタの父妃マハーパジャーパティーへの想い、それゆえの妻ヤショーダラーとの不和と確執、その結果としての疑惑のかかるラーフラ誕生、これら、全てに、もはやこれまで、と意を決しての宮殿脱出行、という推論も、不可能ではないのだ。

ブッダの語る王子時代の苦悩

むろん、これは推論でしかない。だが、王子の切羽詰まった心身を物語る言葉が、『ウダーナ・ヴァルガ』の「愛欲」の章には並んでいる。

愛欲よ。わたしはおまえのもとを知っている。愛欲よ。おまえは思いから生じる。わたしはおまえのことを思わないであろう。そうすれば、わたしにとっておまえはもはや現れないであろう。

欲情から憂いが生じ、欲情から恐れが生じる。欲情を離れたならば、憂いは存しない。どうして恐れることがあろうか。

果実が熟したならば、尖端は甘美であるが、喜んで味わってみると辛い。愛欲は愚かなる者どもを焼きつくす。――たいまつを放さない人の手を、たいまつが焼くように。

愛欲を断つには、思いを断つには、どうしたらよいか。それがシッダッタからブッダへの道のり、六年間の修行の一つだったのではなかろうか。王子時代の彼もまた、たいまつを手放せない、一人の若い男だったのだ。

ひとは、たとえば「愛」などという抽象的なものに漠然と悩んだりはしない。具体的な誰か、このひととの愛にこそ、じりじりと悩むのだ。

若きシッダッタが囚われた愛執や愛欲も、自分ではない誰かと誰かの関係や、そのさまを他人事として見て、愛執の苦しみとはこういうものか、などと了解したのではなかろう。明らかに自分と誰かとのどうしようもないかかわりの中で実感したことのはずだ。生きることも、老いることも、病むことも、死ぬことも、それが自分と直にかかわりのある誰か、もしくは自分自身であってはじめて「苦」として迫ってくることだ。

シッダッタの「もはや、これまで」は、そのように、解決不能のどうしようもない苦しさをめぐって、逼迫《ひっぱく》した事情があってこそ、ついた決心ではなかったか。

結婚以来、愛執に煩悶するシッダッタを、傍らでじっと見つめ続ける妻。それがシッダッタとヤショーダラーの十三年の結婚生活であった。そうして、ラーフラの誕生により、ついに煩悶地獄に終止符が打たれる。シッダッタは愛執から逃れて家を出た……。

これらブッダの言葉もまた、このようなストーリーを可能としよう。

憤怒の悪妻ヤショーダラー

では、不倫疑惑をかけられ、不浄の妃とさえ北伝経典に記述されるヤショーダラーは、夫の出奔にどのような想いを抱いたのだろうか。

前章で、馬鳴の『ブッダチャリタ』が描くマハーパジャーパティーを紹介したが、ちょうど対をなすようなヤショーダラー像がそこにはある。

シッダッタが宮殿から去ったことを知った妻の怒りは凄かった。自分が眠っている間に、自分と生まれたばかりの赤子を置いて、夫は家を出て行った。なんということだ、と。悲嘆のあまり卒倒する義母に対し、妃は従者に悪口雑言の末、これまた卒倒、かつ、夫を激しく非難するのである。

妃の台詞はそうとう激越だ。夫の馬をひいて、独り宮殿に戻った従者チャンダカを「悪党め、下劣、冷酷、悪意のかたまり」とののしり、自分が眠っている間に「宝石泥棒のように全財産を盗んだ」と叫ぶ。彼女にとって夫は財宝であった、とは、解釈次第で、良くも悪くもとれる発言である。この財宝感覚は、ラーフラ出家の際のヤショーダラーの振る舞いにも出て来るが、それは次項で紹介しよう。

彼女はさらに、夫へと怒りの矛先を向ける。正しい行ないをともにすべき妻を捨て、独り苦行にいそしもうとするような人間に、どうして正しい行ないなどありえようか、と。妻を捨てて何が正しい行ないか。そんな男がいくら苦行に励んだとて、自己満足でしかあるまい、と言っているわけだ。

また、当時の社会的通念では、四住期の第三期に妻を連れて森へ行くのが習わし。であるのに、妻をのけ者に、自分だけが来世の果報を独り占めしようなどとは、なんという夫、との台詞が続く。

逆上の妃はさらに、性格の悪さを露呈させる。マハーパジャーパティーとの対比があまりにくっきり表れている言葉なので、以下、引用しておく。

私の心は嫉妬といさかいを好みますが、正しい行いを好む主人は、そのことをたびたびそれとなく知って、恐れることなく楽々と怒りっぽい私を捨てて、インドラの国で天女たちを得ようとしているにちがいありません。

天女たちを得るために、王位と私のひたむきな愛を捨てて夫は苦行をしているわけですが、その女たちがどんな美しい姿をしているのか私には気がかりです。

神々の国での幸せを得たいというのが私の願いでは決してありません。自制心のある人なら得難いものではありませんから。この世でも来世でも、何とかして夫が私を捨てないでほしいというのが私の望みです。

彼女の怒りは、我が子を捨てる夫の無情さにも及ぶ。

このかわいそうなラーフラは、父の膝で動きまわることが決して許されていないのです。

かわいげに片言をしゃべり、敵をも喜ばすこんな小さな息子を捨てるとは、あの人はやさしげな姿をしていて賢明なのに、心がなんと冷酷で残忍なのでしょう。

最後の彼女の台詞はこうだ。

石でできているか鉄でできているか、私の心も確かに残忍です。安楽に慣れた主人が王位を捨てて一人ぼっちで森に行ったのに、私の心は壊れないのですから。

と、ここで描かれる妃は、夫に無理解、嫉妬深くヒステリックで残忍、夫が去ってなお、心の壊れないしたたかさの持ち主。大愛道マハーパジャーパティーの悲嘆とは、ずいぶんな違いだ。こんな無理解な女なら、夫に捨てられても仕方なかろう、という声が背後から聴こえてくるような文章で、馬鳴の狙いは、そこにある気がする。

この悪妻型妃像は、経典における彼女の原型となる。デーヴァダッタとのかかわりも含め、名こそ「名声を持つ」であるものの、経典での描かれ方はこの馬鳴の筆致をそのままに、一貫して不名誉このうえないのである。

シッダッタ出奔に際してのヤショーダラーの憤怒は、彼女にとどまらず、彼女の肉親にも示される。

ヤショーダラーとデーヴァダッタを姉弟とする南伝では、この義弟は、姉を捨てて出家したシッダッタを快く思わず、ブッダを恨む、とある。さらに、姉弟の父王スッパブッダもまた、娘が独りにされたことを恨み、ブッダに嫌がらせをした、という伝承が残る。

この「怨恨・嫌がらせ」伝承は、単に彼女の家系への反感を示す以上に、興味深い。デーヴァダッタを含む妃サイドが示した不快感の中に、当時の（経典創作時の）一般の民衆感情が盛り込まれているであろうと推察されるからだ。この話は、妻の近親者が不快を表明した事実を示すのではなく、そのような反発や不快感が世間一般にあったことを物語るのではないか。出家は良いことなのだから、妻子を捨てても、どうということはない、などという了解が当時の社会全体としてあったわけではないことを、はからずも示していると思えるのである。

いずれにしても、馬鳴の筆を典型とするこうした悪妻型妃造形は、シッダッタの「不適切な時期での妻子を捨てての出家」の背後の諸事情をぼかし、正当化するための、経典作者の一つの方便ではないか、と思わせるところがある。

ヤショーダラーは強欲な母か

ともかくシッダッタは生まれた赤子と、産んだ妻を城に置き、森へ出て行った。不義の子疑惑をかけられた息子とともに、夫の両親のいる宮殿に残され、ヤショーダラーは針のむしろの日々ではなかったか。

その歳月を耐え忍んで六年、シッダッタは大悟し、ブッダとなる。その最初の帰郷で、彼は弟ナンダとラーフラを出家させたことはすでに述べた。

ブッダを迎えるマハーパジャーパティーの喜びは、実の息子ナンダの出家など眼中にないほどのものであったが、一方、夫を迎えるヤショーダラーはラーフラに父の財宝を譲れと要求させる強欲な母として経典には描かれる。

馬鳴が『ブッダチャリタ』で描いたヤショーダラーのイメージは、そのままラーフラ出家時の説話へと流れ込んでいるのである。

このシーンを、南伝伝承に見てみよう。このエピソードはほとんどの経典が伝えており、歴史的事実であろうとされる。が、はたして、経典作者たちによる意図的なヤショーダラー像ではない、と言い切れるかどうか。これも、悪妻型妃の典型を示すものとして引用しておく。伝承によれば、ナンダを出家させたあとの第七日目に、ラーフラの母は、王子ラーフラを飾りつけてゴータマ・ブッダのもとへ送る。そうして、

「さあ、おまえ、あの二万人の修行者を従え、黄金色をした梵天のようなお姿の修行者をごらんなさい。あのかたがおまえの父上なのです。あのかたには莫大な財宝がありました、あのかたが出て行かれてからは、わたしたちはそれらを見たことがないのです。行って『父上、わたしは王子です。わたしは即位して転輪聖王になります。わたしには財産が必要です。財産をわたしにお与えください。子は父の遺産の持主だからです』と言って、その資産をもらってきなさい」と告げた。

前項で触れたように、これは『ブッダチャリタ』でのヤショーダラーの王位や財宝へのこだわりの台詞を思い起こさせる。

母に言われたラーフラは、父のところへ行き、「わたしに資産をお与えください」と言いつつ、そのまま父のあとについて行った。父ブッダは子を戻そうとせず、そのまま一緒に園林へ連れて行ってしまう。そうして、財産など、苦悩のもとでしかない。それより、悟りの座で得た聖なる財産を息子には与えることにしよう、と考え、サーリプッタにラーフラを出家させるよう言いつけるのである。

このとき、母ヤショーダラーは、息子が連れて行かれたことを悲しみ、ブッダを怨んだ、という記述がある。嫌がるナンダを無理やり出家させた折のマハーパジャーパティーの反応は残されていないが、ヤショーダラーには怨みの感情を伝える。やはり悪妻盲母なのである。財産、王位に執着するこの母の姿が、ブッダの言う「捨てよ、滅ぼせ」の我欲・盲愛の母であることは、言うまでもない。すなわち、ブッダの妃は、捨てられ、滅ぼされるべき存在なのだ、と言うこともできようか。

だが、一般民衆の抱く親子や親族の縁という感覚で言えば、ヤショーダラーの言うごとく、ブッダはなにごとにも冷淡であった。父王の息子たることを断ち、家系の継承者、ナンダ、ラーフラを連れ去り、父王を嘆きの淵に沈めている。ブッダは、どこまでも徹底した「愛執を断て！」「絆を断て！」のメッセンジャーなのである。その意味で、ヤショーダラーはどこまでも世俗の女として、ブッダの対極に立たされていると言えよう。

ブッダの晩年、もしくは入滅後に、シャカ族はコーサラ国の将軍ヴィドゥーダバによる大虐殺で滅亡する。ここで、ブッダは、三度まではヴィドゥーダバの侵略を止めるのだが、四度目に「シャカ族は今日宿縁すでに熟す。いままさに報を受くべし」と言って、ほうっておいた、という伝承が残っている。

息子である幸運を語るラーフラ

幼くして出家させられたラーフラは、それなりに父には見守られていたようだ。ただし、悪戯・妄言で周囲を困らせた、といった伝承が残るほか、周囲からの妬み、そねみも受けている。

寝る場所がなく、ブッダの厠《かわや》（便所）で寝た、とか、後から入って来た人々に部屋を追い出され、しかたなく、父の居る室（香室）のほうを向いて野外で寝たとか。意地悪な僧に、ゴミ、塵を撒かれ、ラーフラの仕業と告げられても、反駁せず、黙って掃除したとか。

ブッダの実子に向かい、このような扱いはどんなものか、と思われるが、通常は実子だからこそその嫌がらせ、と説明される。

父子関係は良好だったようで、実子としての慢心や奢りをたしなめるシーンも、『スッタ・ニパータ』第二章の中の「ラーフラ」の節にはある。父が子に、こう言う。

「ラーフラよ。しばしば、ともに住むのに慣れて、おまえは賢者を軽蔑するのではないか？　もろびとのために、たいまつをかざす人を、おまえは尊敬しているか？」

息子は答えた。

「しばしば、ともに住むのに慣れて、賢者を軽蔑するようなことを、わたしはいたしません。もろびとのために、たいまつをかざす人を、わたしはつねに尊敬しています」

続いて、父は子に修行者の心得を諄々と説くのだった。

生まれてすぐに、父に捨てられた子であったが（ブッダ自身、母亡き子の悲を味わっているのだが）、十歳を迎える前に、ふたたび父に拾われて、ずっとそば近く暮らすことになるのだから、子に不満はなかっただろう。

よく戒律を守ったことから「密行第一」の名がある。のちの教団でも、アーナンダほどではないが、重要な位置を占めた。

ラーフラはその晩年に、こんな言葉も残している（『テーラガーター』〈仏弟子の告白〉）。

人々はわたしを〈幸運なラーフラ〉と呼んでいる。わたしは二つの幸運を受けている。一つは、わたしがブッダの子であるということであり、他の一つは、わたしがもろもろの道理を見通す眼をもっているということである

ラーフラ自身、はっきり「自分はブッダの子だ」と宣言しているのだが、これもまた、考えようによっては不自然な気もする。

また、種々の経典に、たとえばナンダやアーナンダの姿形の美しさ、ブッダとの相似の記述はあっても、ラーフラにそのような形容が見当たらないのも不思議である。

いずれにしても、ラーフラは幼少での出家後、父を尊敬し、父のもとで幸せな日々を送った、とは言えよう。

ラーフラが、ブッダの実子であったかどうか。このように、見てくると、やはり疑問だ、というのが筆者の率直な考えだ。不浄の妃、不義の子、悪魔の子など、ラーフラ誕

生をめぐる北伝のほのめかしをそのまま受け取るなら、シッダッタの唐突な出奔も腑に落ちる。

とどのつまり、すべての因はラーフラ誕生にあるが、赤子が誰の子であったかは、ひょっとするとヤショーダラーにさえわからない。男と女のかかわりとは、それほどに不明なものである。だからこそ、同時に、人間とは、どのような妄想にも生き、互いの疑心暗鬼のうちに、地獄を作り出すのだと言えよう。その意味で、ラーフラとは、まさにこの妄想の愛執地獄の生んだ子であった、とも言えようか。

青春のシッダッタが切り捨てたかったのは、これら全てだった。シッダッタのみならず、父スッドーダナ、父妃マハーパジャーパティー、妃ヤショーダラー。これら全ての人々が、それぞれに妄想愛執の中で「渇愛」の苦悩に呻吟《しんぎん》していた。そういう状況を想定するなら、ブッダの言葉の一つ一つが、ほとんど哀切に響いてくるように思われる。

にしても、ブッダに最も近かった二人の女性、継母マハーパジャーパティーとラーフラの母ヤショーダラーは、南北どちらの経典でも、全く正反対の描かれ方だ。尼僧第一号となる大愛道マハーパジャーパティーに対し、ヤショーダラーに与えられた役どころは、夫のことを、自分だけの解脱のために、妻子を捨てた身勝手な男、と憤激するヒステリー女から、子を使って財産贈与を申し出る強欲女まで、どう見ても悪妻。しかもラーフラ誕生についての嫌疑を被り、汚れた妃とまで言われているのである。

悪役デーヴァダッタのクーデター

ここで、このヤショーダラーと似たような役回りを仏教史で担う人物、デーヴァダッタに少し触れておこう。

デーヴァダッタは、ブッダの従弟で、アーナンダと兄弟とする説（南伝）と、妃の弟とする説（北伝）があることは前述した。どちらであるかは、わからない。

デーヴァダッタはアーナンダとともに出家している。修行に励み、神通力を得て、周囲の尊敬と信頼も集めていた。それが次第に慢心を起こし、整いつつあった教団を自分に譲れと要求したのが「破僧《はぞう》」、すなわちクーデターである。

すでにブッダは七十歳を過ぎている。そろそろ引退を、と壮年の弟子が掛け合うのも、さほどおかしな話ではない。

さらに、デーヴァダッタは「五法」をブッダに提案したが、拒否された。その五法とは、「林に住むこと、乞食者たること、ぼろを纏うこと、樹下に住むこと、魚肉を食べないこと」とされる。これをブッダが拒否した、ということは、それだけ当時の教団や僧たちの生活が贅沢に慣れてきていた、ということなのだ。

王や富豪たちからの支援を受け、教団はすでに活動の根拠となる僧院を確保しており、修行僧たちの生活は変化しつつあった。樹の下で寝るなど、もはや時代錯誤だったのである。

したがって、このクーデターは、いわばデーヴァダッタの原理主義と、富や権力の保護を受ける教団の現実主義との争いであったと言えよう。

追い出されたデーヴァダッタは、古来の伝統を守る一派を形成し、その活動が仏滅後八百年以上を経てなお続いていたことを、法顕や玄奘らが旅の記録に残している。

すなわち、教団にとって悪でも、それを善とする少数派は生き続けたし、現在もなお、継承する人々はいるのだ。

ともあれ、この事件で、デーヴァダッタは一気に悪の権化へと転がり落ちる。そうして、山の上から石を落としたり、象をけしかけてブッダを殺そうとした、といった悪行のかぎりが語られることになる。

教団の和合を破ったデーヴァダッタは生きながら地獄に堕ちたとされる。「大地が口を開いて無間地獄の炎が噴き出し、デーヴァダッタは如来の徳を想起しながら地獄に堕ちた」と。

ここで、常にブッダの背後にあって、デーヴァダッタと対立するのはアーナンダである。いわば、ブッダを「象徴」とする教団内部の権力闘争、原理主義（デーヴァダッタ）と現実主義（アーナンダ）の争いで、結果、従者であるアーナンダが勝利した、と言えばよいか。もし、二人が兄弟なら、それこそ、教団の相続権をめぐる骨肉の争いであったわけだ。こうした、親族間の権力闘争を、はたして年老いたブッダはどのように眺めたのであろうか。彼はそうした争いをこそ、否定してきたはずであったが。

アーナンダを主軸として形成された教団主流派には、いわば対立・分派したデーヴァダッタを貶《おとし》める必要があった。極悪人デーヴァダッタの伝承にはその意図が明瞭に示されていると言えようが、このデーヴァダッタにヤショーダラーを関連づけるあたり、仏教史における経典作者たちの闇と光の巧みな演出が見える気がする。

「不浄な妃」の救われなさ

さて、愛児ラーフラを奪われたヤショーダラーが、その後どうしたか。

マハーパジャーパティー出家の折に、彼女に従って出家した、との話もある。が、ブッダが王宮を訪れ、法を説いた折、「ヤショーダラー一人、仏に愛着の情があったので、預流果《よるか》を獲ず」という記述もあって、どうも最後まで救われない気配も残る。

彼女には「慚愧《ざんき》第一」の名が与えられた。「慚愧」とは、「恥じ入ること」の意。いったい何を彼女は恥じ入らねばならなかったのか。悪妻・愚妻・盲母のうえ、非嫡子疑惑にまみれた不浄な妃であることを、だろうか。

『テーリーガーター』（尼僧の告白）にマハーパジャーパティー、『テーラガーター』にラーフラの詩句はあるが、ラーフラの母の言葉はない。これも非常に不可解なことだ。

出家して尼僧となったなら、彼女もまた、『テーリーガーター』の伝える七十三人の女性出家者に含まれ、その言葉が残されて当然だろう。沈黙を通したまま、妃は歴史の彼方に姿を消している。あるいは、消された。

ただ、玄奘の『西域記』には、カピラヴァストゥのヤショーダラーの寝宮に、彼女とラーフラの像があったと記されている。シッダッタの妃の寝所に遺された母子像……もしそれが現存していたなら、今日の経典とは別のヤショーダラーが、そこから立ち現れたかも知れない。

父、父の妃、妻、シッダッタ、シッダッタ夫妻のもとに生まれた息子。北伝伝承のほのめかしからは、王族一家の愛執地獄が浮かび上がってきた、としよう。

ブッダが、過去、そのように深刻・苛酷な人間の愛憎の狭間に居たとしたら、「絆を断て！」というメッセージも、がぜん、説得力を帯びてくる。実際、彼は家を振り捨て、絆を断ったのだから。

けれども、ほんとうに断つことができるのは、家出という逃避行為によってではない。

森に入ったところで、自分の中の愛執から逃れることなど、できはしないのだ。

『スッタ・ニパータ』の「犀の角」の章で、「子や妻への愛著は枝の広く茂った竹が互いに絡み合うものの」だから、そのようなものにまとわりつかれぬよう、「ただひとり歩め」と言っている彼の言葉は、哀切ですらある。妻子とは、最も身近な存在のはずだが、おそらく青春のシッダッタにとっては、そうではなかった。

ブッダはまた、同じ章で「他人の子女にかかわるな」と警告もしている。彼の言葉は、妻子への愛著の言及より、他人の妻とかかわることへの厳しい戒めのほうが多いくらいだ。その意味で、愛著とは、また錯綜する愛憎でもあったのだろう。

シッダッタは森へ出て行き、せいせいしたが、一方で、おそらく、自分の中の暗黒、愛執の根源たる「自己」というものに、はじめて対峙することとなったのではあるまいか。

逃げても、断っても、あとを追ってくる自分の愛執そのもの。その根源を、見尽くし、知り尽くす、という作業（修行）は、ここからはじまったのである。

それはまた、「愛執」を超えて、「慈」に至るまでの長い長い道のりの入り口であったと言えよう。その精神の道のりを、現世でともにしたのはマハーパジャーパティーであったことを、もう一度振り返っておく。

加えて言うなら、ヤショーダラーとデーヴァダッタの救われなさに、なぜ彼らは救われないのか、と、足をとめる心がやがて生まれる。世俗の闇に沈む人々に手を差しのべ、万人への慈悲を説き、一人残らず、一切衆生の救済を願う新たな仏教、大乗仏教の究極の心の地平を、彼ら二人の声なき声を聴き取ってのこと、とするのは、あまりにロマンティックであろうか。

エピローグ

生まれ、老い、死ぬのは、誰もが抱えることがらだ。そこに病もあろうから、人間の苦しみを、「生老病死」に見るのは自然である。だが、生きてゆくうえで、もう一つ、やはり誰もが向き合わねばならないことがらがある。それは人間関係、つまり、愛憎である。

それを仏教では「怨憎会苦《おんぞうえく》・愛別離苦《あいべつりく》」と言い、ブッダが説いた典型的な苦の一つとしている。憎しみを持つ人に出会わざるをえない苦しみ、愛する人と別れなければならない苦しみ。愛であれ、憎しみであれ、この人と出会わなければ、こんな気持ちにならずに済んだのに、と、そういう苦しみのことだ。

シッダッタ時代にブッダが身をもって味わったのは、この苦しみであった。生まれてすぐに生母と別れ、愛への渇望を亡き母の妹である継母へと転写し、妃を迎えても癒されることのなかったブッダの青春は、「渇愛」そのものだった。渇愛（タンハー）とは、喉が渇いたときに必死で水を求めるような激しい欲望のことで、ブッダはそれを苦しみの根源とした。

その欲望を断ち切るにはどうしたらよいのか。その苦しみから解放されるには、どうしたらよいのか。

父王スッドーダナ、その妃マハーパジャーパティー、妃ヤショーダラーの間に張り巡らされる愛執に身を縛られ、何より自分自身の心の中に、渇愛と愛執とを抱えたシッダッタが、そうした状況のいわば落とし子であるかのラーフラ誕生という現実を前に、ついに城を出奔してしまうのは、今風に言うなら、切れてしまったのだ。

シッダッタが追いつめられたであろうその現実、とりわけ、からみ合い、もつれ合う男女関係の苦しみは、昔も今も変わらない。本書で描いてみたのは、そういう、私たちと変わらぬ愛の悩みを持ったブッダの生身の姿である。

彼は苦しみのあまり、全てを捨てて森に逃れたが、そこで知ったのは、自分からは逃れられない、という真実だった。愛執は自分の中にこそある。愛執の根源たる自分の妄執、妄想、それを見極め、駆逐することが彼の修行であった。

人とかかわらず、愛さず、執着する心身を断ち切って生きなさい、という教えは、その苦悩から導き出された一つの答えである。だが、誰をも特別に愛さないのは、実に難しい。人はやはり誰かを愛し、愛されたいし、愛とは、特別な人との特別な感情であり、関係だから。

その意味で、ブッダとなったのち、継母マハーパジャーパティーの出家を許し、尼僧団を作らせた彼の心中のどこかに、いわば聖別された愛の形を私は見る気がする。それはブッダを貶めるものではなく、むしろ純化された男女の愛の可能性を伝えるように思う。

また、ブッダ最後の旅で伝えられる侍者アーナンダとのいかにも人間味あるやりとりにも、一つの愛が示されていることを指摘しておきたい。

一方で、彼は「あまねく誰をも愛する」ことをも説いた。『スッタ・ニパータ』の第四章「八つの詩句の章」の「老い」の節で、ブッダはこう言っている。

聖者はなにものにもとどこおることなく、愛することもなく、憎むこともない。悲しみもものおしみも彼をけがすことがない。たとえば蓮の葉の上の水が汚されないようなものである。

このように、誰をも愛さず、憎まず、汚れない水のような人生が聖者の道であったが、そこから反転して「誰をも愛する」ところへと歩んだのが、彼の後半の人生であろう。その反転の地点を、筆者はブッダの最初の説法の決心に見る。彼は悟りを開いたあと、しばらくはその境地を楽しみ、他人にそれを教えようとは思わなかった。天からの三度の要請（「梵天勧請《ぼんてんかんじょう》」というエピソード）によって、彼は、それなら、と腰を上げ、最初の説法の地サールナートへ向かうのである。

誰をも特別に愛さないことは、人を愛さないということではない。むしろ、自分の苦しみの経験から全ての人々の苦しみを知り、自分の苦しみからの離脱を全ての人々の苦しみからの離脱へと役立てるのが道、と彼は感じたのではないか。

そこに、もう一つの愛の形、人間への振り返り、「慈しみ」の原点があり、のちの大乗仏教の萌芽があろう。


教えを説きつつ八十歳の死を迎えるまでの四十五年は、民衆に分け入っての遊行生活であった。生きとし生けるもの全てへの慈しみの眼差しは、その長い旅路での命あるものとの無数の出会いによって育てられたものであろう。

生母マーヤーへの渇愛は、この世の苦を彼にもたらしたが、慈しみの母というまぼろしは、死に至るまで彼を慈愛へと導き続けた。ブッダはその教えを身分階級の区別なく遊女たちにまで説いたが、旅路で出会うそれら民衆ひとりひとりからの問いかけと、それに対する答えを通して、母に見たまぼろしを、彼は自分自身の確かな「慈しみ」へと変えていったのだ。この長い旅と年月、人々との出会いがブッダを育てたのだとも言えよう。

ちなみに、イエスはわずか三年ほどの活動で三十代での十字架上の死を迎え、ムハンマドはおよそ二十年、イスラーム教布教に奮闘し六十代で没している。ブッダの人生の長さの意味は、「絆を断て！」から「あまねく愛せよ！」までの豊かさ、深さに示されると言ってよかろう。彼は両者の間を自在に往還したが、それは人と人とのかかわりの要諦を、人と時とに応じて説く智慧でもあった。
最後に、『スッタ・ニパータ』の第一章「蛇の章」の「慈しみ」からブッダの言葉を引いておく。

いかなる生物生類《いきものしょうるい》であっても、怯えているものでも強剛なものでも、ことごとく、長いものでも、大きなものでも、中くらいのものでも、短いものでも、微細なものでも、粗大なものでも、目に見えるものでも、見えないものでも、遠くに住むものでも、これから生まれようと欲するものでも、一切の生きとし生けるものは、幸せであれ。

あとがき

私の専門は音楽評論で、とりわけ現代日本の作曲家論を中心とする。一九五〇年代、世界の前衛音楽はなだれをうって東洋思想を渉猟し、西洋摂取に血眼だった日本の現代音楽作家たちも、遅れてはならじ、とその波に乗った。黛敏郎が『涅槃交響曲』（一九五八年）を書き、ヨーロッパ音楽への訣別を語り、楽界のスターとなったのはその好例だ。

日本の現代作品と向き合うのに、東洋思想の素養は必須と私は考え、以来、インド哲学、仏教、中国の老荘思想、日本の禅思想などを自分なりに学びつつ、音楽領域で、東西における人間の思惟の姿をさまざまに追い続けてきた。

宗教・芸術・哲学における人間の思惟とは、常に、自分と誰か、あるいは自分と世界とのかかわりへの考察であり、表現である。そうして、自分と誰か、とは、その究極に男と女、すなわち愛を抱える。

私はむろん、仏教に関しては門外漢だが、ブッダの人生を思うにつけ、慈愛の人ブッダがなぜ、生まれた息子に邪魔者と名づけ、妻子を捨てて出家したか、という、ブッダの愛への素朴な疑問を抱いていた。

が、『スッタ・ニパータ』にあるブッダの言葉を繰り返し読むうち、生身のブッダの声がそこから響いてくる気がした。彼と切実にかかわった人々、なにより女性たちとのかかわりが、行間から浮かび上がってきたのである。

音楽の演奏は、作品（楽譜）を演奏者が解釈、再創造することだ。原典版と呼ばれる楽譜は作曲家本人の書いたものだが、後世の音楽家が種々の解釈をほどこし、書き込んだ楽譜が一般に流布する場合もある。経典も同じわけだが、残念ながらブッダの原典版は存在しない。それに近いものが『スッタ・ニパータ』である。

私は『スッタ・ニパータ』を原典版楽譜のように読み、周辺の資料にあたり、自分なりに解釈、ブッダの人生を想像した。ブッダの足跡を辿るインドへの旅は、いっそうその想像をかきたてた。
そうして出来たのが本書である。『スッタ・ニパータ』を原典に、ブッダの愛を主題（テーマ）とした変奏曲（ヴァリエーション）というふうにお読みいただければ幸いである。

本書を書くにあたり、仏教学の第一線で活躍されるたくさんの研究者の方々から多大なご教示をいただきました。ここに、お名前は挙げませんが、そのおひとりおひとりに、厚く御礼申し上げます。
また、本書の目指すところをご理解いただき、刊行をお引き受けくださった幻冬舎と、常に的確なご助言をくださった編集者木原いづみさんに深く感謝申し上げます。

二〇〇九年　十一月末日　　丘山万里子

主要参考文献

『中村元選集「決定版」』中村元・春秋社
第十一巻　ゴータマ・ブッダⅠ
第十二巻　ゴータマ・ブッダⅡ
第十三巻　仏弟子の生涯
第十四巻　原始仏教の成立
第十五巻　原始仏教の思想Ⅰ
第十六巻　原始仏教の思想Ⅱ
第十七巻　原始仏教の生活倫理
『仏弟子の告白』中村元訳・岩波文庫
『尼僧の告白』中村元訳・岩波文庫
『ブッダのことば』中村元訳・岩波文庫
『ブッダの真理のことば　感興のことば』中村元訳・岩波文庫
『ジャータカ全集　Ⅰ』・春秋社
『ブッダチャリタ』原始仏典十・講談社
『ゴータマ・ブッダ考』並川孝儀・大蔵出版
『大正新脩大蔵経』・大蔵出版
『南伝大蔵経』・大蔵出版

『完訳カーマ・スートラ ヴァーツヤーヤナ』岩本裕訳著・東洋文庫・平凡社
『マヌの法典』田辺繁子訳・岩波文庫
『バガヴァッド・ギーター』上村勝彦訳・岩波文庫
『マハーバーラタ ナラ王物語』鎧淳訳・岩波文庫
『仏教のなかの男女観』植木雅俊・岩波書店
『原始仏教聖典資料による釈尊伝の研究(一~十二)』・中央学術研究所
『印度佛教固有名詞辞典』赤沼智善・法蔵館

著者略歴

丘山万里子
おかやままりこ

東京生まれ。桐朋学園大学音楽学部作曲理論科卒。
同大学助手を経て音楽評論の道に入る。
『音楽現代』誌第一回新人評論、新人賞受賞。
日本大学文理学部非常勤講師。
現代作品における東洋思想を軸に、日本の作曲家論を中心とした評論を展開。
著書に『吉田秀和　音追いびと』(アルヒーフ)、『失楽園の音色』(二玄社)、
『からたちの道　山田耕筰』(深夜叢書社)、
共著に『アジアの幸福論』『波のあわいに』(ともに春秋社)など。

幻冬舎新書 154

ブッダはなぜ女嫌いになったのか

二〇一〇年一月三十日　第一刷発行

著者　丘山万里子

発行人　見城　徹

編集人　志儀保博

発行所　株式会社　幻冬舎
〒一五一-〇〇五一　東京都渋谷区千駄ヶ谷四-九-七
電話　〇三-五四一一-六二一一(編集)
〇三-五四一一-六二二二(営業)
振替　〇〇一二〇-八-七六七六四三

ブックデザイン　鈴木成一デザイン室

印刷・製本所　株式会社　光邦

GENTOSHA

Printed in Japan　ISBN978-4-344-98155-3 C0295
お-7-1
幻冬舎ホームページアドレス http://www.gentosha.co.jp/
*この本に関するご意見・ご感想をメールでお寄せいただく場合は、comment@gentosha.co.jp まで。

幻冬舎新書

島田裕巳
日本の10大新宗教

創価学会だけではない日本の新宗教。が、そもそもいつどう成立したか。代表的教団の教祖誕生から社会問題化した事件までを繙きながら、日本人の精神と宗教観を浮かび上がらせた画期的な書。

正木晃
密教的生活のすすめ

宗教学をわかりやすく解説することで知られる著者が、密教の修行法の中から一般人でも簡単に実践でき、確実に効果のあるものを選び、やさしく解説する。体と心が変わる密教的生活のすすめ!!

横山紘一
十牛図入門
「新しい自分」への道

牧人が牛を追う旅を、10枚の絵で描いた十牛図は、悟りを得るための禅の入門図として、古くから親しまれてきた。あなたの人生観が深まり、生きることがラクになる10枚の絵の解釈とは？

島田裕巳
平成宗教20年史

平成はオウム騒動ではじまる。そして平成7年の地下鉄サリン。一方5年、公明党（＝創価学会）が連立政権参加、11年以後、長期与党に。新宗教やスピリチュアルに沸く平成の宗教観をあぶり出す。